中国旅游统计年鉴

（副本）

THE YEARBOOK OF CHINA TOURISM STATISTICS（SUPPLEMENT）

2014

中华人民共和国国家旅游局
NATIONAL TOURISM ADMINISTRATION OF
THE PEOPLE'S REPUBLIC OF CHINA

中国旅游出版社

编 者 说 明

《中国旅游统计年鉴（副本）2014》是反映2013年我国旅游业供给要素诸方面情况的资料性年刊。主要内容有，上篇：全国旅游企业综合资料，包括各省、自治区、直辖市和主要城市旅游企业的主要经济指标；下篇：全国星级饭店综合资料。

作为《中国旅游统计年鉴》的重要补充，本书是了解、研究我国旅游生产力的规模、布局、结构以及旅游企业经济效益等方面情况的重要参考资料，翔实的旅游饭店的统计资料，对于研究旅游饭店业在我国旅游业跨世纪发展中的地位、作用及自身发展轨迹更具有重要的参考价值。本书可供旅游部门、国民经济各有关部门、教学科研单位以及经济工作者和大专院校师生使用。

本书资料来源于全国各省、自治区、直辖市旅游局每年进行的定期报表统计，统计口径与国家旅游局和国家统计局联合制定的《旅游统计调查制度》规定的口径一致。

全国统计数据均未包括我国香港特别行政区、澳门特别行政区和台湾省的数字。

本书中有“#”号者表示为该栏的主要项或其中项；有“—”号者表示该项数据不详或无可比性。

中国旅游统计年鉴编委会

二〇一四年九月

目　　录

上篇　全国旅游企业综合资料

一、全国旅游企业综合资料

二、分地区旅游企业资料

下篇　全国星级饭店综合资料

十、全国一星级饭店综合资料

上　篇

全国旅游企业综合资料

一、全国旅游企业综合资料

1–1 全国旅游企业

	固定资产原价（万元）	营业收入（万元）	利润（万元）	营业税金及附加（万元）
合计	**70 889 083.49**	**64 185 675.98**	**1 787 917.63**	**1 651 223.72**
（一）旅行社	7 465 723.70	35 991 425.85	1 623 868.72	149 189.05
（二）星级饭店	50 177 192.22	22 929 283.70	–208 810.08	1 305 727.85
内资饭店	43 839 264.05	20 344 555.89	–362 803.15	1 161 526.62
外资饭店	6 337 928.17	2 584 727.81	153 993.07	144 201.23
（三）旅游景区	13 246 167.57	5 264 966.43	372 858.99	196 306.82

主要经济指标（按行业分）

利润率 （%）	全员劳动生产率 （万元／人）	人均实现利润 （万元／人）	人均固定资产原价 （万元／人）	从业人员 （人）	企业数 （家）
2.79	**30.85**	**0.86**	**34.07**	**2 080 423**	**39 766**
4.51	105.86	4.78	21.96	339 993	26 054
–0.91	15.26	–0.14	33.40	1 502 469	11 687
–1.78	14.76	–0.26	31.81	1 378 141	11 207
5.96	20.79	1.24	50.98	124 328	480
7.08	22.13	1.57	55.67	237 961	2 025

1-2 全国旅行社

	固定资产原价（万元）	营业收入（万元）	利润（万元）	营业税金及附加（万元）
全国	**7 465 723.70**	**35 991 425.85**	**1 623 868.72**	**149 189.05**
北京	1 028 538.19	6 032 936.23	255 349.50	24 282.68
天津	173 064.92	382 723.20	16 509.75	2 540.47
河北	137 892.18	400 431.34	28 859.25	1 851.21
山西	107 338.40	376 608.39	17 911.92	1 363.77
内蒙古	112 837.42	189 143.27	13 667.26	1 519.25
辽宁	128 827.35	857 914.97	43 318.84	2 883.51
吉林	52 840.04	113 452.82	4 999.10	585.16
黑龙江	86 986.56	281 520.89	20 744.45	2 152.61
上海	515 113.92	5 616 326.46	206 432.60	17 186.39
江苏	757 470.56	2 310 578.21	89 342.52	10 140.16
浙江	549 145.69	2 408 556.92	129 780.30	11 200.38
安徽	131 356.24	579 113.07	27 994.99	2 644.53
福建	303 199.47	1 441 009.34	67 361.88	5 727.15
江西	144 105.12	436 538.17	11 314.27	1 930.41
山东	582 386.40	1 410 414.56	93 877.14	6 953.27
河南	292 556.90	314 238.97	17 946.46	1 634.92
湖北	395 362.08	1 145 208.43	61 204.91	5 650.46
湖南	494 319.04	1 299 391.90	57 642.82	5 078.81
广东	514 429.15	5 442 375.27	280 065.40	24 373.07
广西	51 923.80	430 367.74	18 641.59	1 660.20
海南	108 121.89	432 163.89	16 462.70	1 356.84
重庆	198 979.18	1 063 550.05	41 372.13	2 929.98
四川	252 292.66	741 313.02	17 485.06	5 383.68
贵州	98 262.80	187 588.88	7 811.95	744.12
云南	24 264.46	1 134 313.28	39 625.66	3 700.37
西藏	10 826.61	48 872.33	1 076.81	231.38
陕西	55 018.57	472 842.39	15 584.69	1 342.37
甘肃	10 007.30	113 664.57	5 749.50	676.82
青海	78 820.25	60 557.11	4 822.77	299.37
宁夏	7 305.34	71 396.54	2 112.19	186.05
新疆	62 131.21	196 313.64	8 800.31	979.66

主要经济指标（按地区分）

利润率 （%）	全员劳动生产率 （万元／人）	人均实现利润 （万元／人）	人均固定资产原价 （万元／人）	从业人员 （人）	企业数 （家）
4.51	**105.86**	**4.78**	**21.96**	**339 993**	**26 054**
4.23	191.95	8.12	32.72	31 430	1 145
4.31	88.47	3.82	40.01	4 326	383
7.21	44.76	3.23	15.41	8 946	1 271
4.76	48.55	2.31	13.84	7 757	788
7.23	36.66	2.65	21.87	5 160	890
5.05	107.43	5.42	16.13	7 986	1 165
4.41	30.43	1.34	14.17	3 728	553
7.37	58.42	4.30	18.05	4 819	664
3.68	254.84	9.37	23.37	22 039	1 139
3.87	110.52	4.27	36.23	20 906	2 073
5.39	87.45	4.71	19.94	27 543	1 988
4.83	61.44	2.97	13.94	9 425	1 037
4.67	100.03	4.68	21.05	14 406	784
2.59	68.47	1.77	22.60	6 376	768
6.66	74.99	4.99	30.96	18 809	2 001
5.71	41.37	2.36	38.52	7 595	1 133
5.34	66.57	3.56	22.98	17 202	1 058
4.44	102.90	4.56	39.14	12 628	770
5.15	123.29	6.34	11.65	44 142	1 656
4.33	61.60	2.67	7.43	6 986	513
3.81	79.19	3.02	19.81	5 457	352
3.89	123.67	4.81	23.14	8 600	504
2.36	86.32	2.04	29.38	8 588	586
4.16	40.22	1.68	21.07	4 664	273
3.49	88.96	3.11	1.90	12 751	622
2.20	68.54	1.51	15.18	713	102
3.30	62.12	2.05	7.23	7 612	679
5.06	40.25	2.04	3.54	2 824	431
7.96	36.57	2.91	47.60	1 656	217
2.96	58.14	1.72	5.95	1 228	95
4.48	53.19	2.38	16.83	3 691	414

1-3 全国星级饭店

	固定资产原价（万元）	营业收入（万元）	利润（万元）	营业税金及附加（万元）
全国	**50 177 192.22**	**22 929 283.70**	**–208 810.08**	**1 305 727.85**
北京	6 803 194.10	2 765 775.15	122 858.40	151 405.20
天津	381 682.71	265 733.90	–33 523.74	15 139.80
河北	1 761 495.87	675 445.62	–88 812.19	36 619.14
山西	969 361.91	445 453.29	–51 309.33	25 653.85
内蒙古	930 083.16	295 506.57	–18 532.50	15 500.46
辽宁	1 978 029.64	764 602.92	–53 994.11	39 610.49
吉林	745 448.82	246 558.80	–24 616.09	14 245.25
黑龙江	601 730.74	219 411.53	2 584.63	12 433.52
上海	3 227 759.71	1 669 140.80	138 360.16	90 031.84
江苏	3 054 528.71	1 752 883.13	–71 476.71	94 139.85
浙江	4 073 860.51	2 076 327.17	–68 711.83	117 699.51
安徽	1 115 609.65	535 743.73	–16 719.28	28 381.50
福建	1 434 775.24	972 957.70	15 306.18	58 023.47
江西	792 406.21	342 807.27	–5 551.71	17 369.34
山东	3 166 188.40	1 358 913.71	–71 672.27	74 045.84
河南	998 060.90	434 400.73	–30 411.58	24 567.32
湖北	1 190 004.74	485 416.18	–23 121.21	27 373.63
湖南	1 206 200.09	693 239.30	45 493.67	31 878.54
广东	4 715 515.80	2 441 180.85	26 233.97	151 594.97
广西	895 037.10	420 821.63	–13 638.39	22 502.17
海南	1 079 404.81	461 392.41	66 612.05	25 375.95
重庆	911 587.71	421 047.65	–14 115.79	23 012.00
四川	2 093 256.49	844 850.37	15 492.73	46 500.20
贵州	474 695.89	247 010.92	1 619.36	14 280.16
云南	2 102 548.72	652 485.83	7 121.19	45 673.93
西藏	229 657.78	60 621.09	6 068.48	8 858.71
陕西	1 087 408.57	488 273.99	–23 587.28	25 608.26
甘肃	643 522.21	249 432.94	–2 932.77	13 889.13
青海	165 262.01	85 403.55	1 469.48	3 812.86
宁夏	321 712.43	106 306.45	–15 234.99	4 430.78
新疆	1 027 161.59	450 138.52	–30 068.61	46 070.18

主要经济指标（按地区分）

利润率 （%）	全员劳动生产率 （万元／人）	人均实现利润 （万元／人）	人均固定资产原价 （万元／人）	从业人员 （人）	企业数 （家）
–0.91	**15.26**	**–0.14**	**33.40**	**1 502 469**	**11 687**
4.44	24.14	1.07	59.38	114 572	577
–12.62	15.64	–1.97	22.46	16 995	93
–13.15	11.93	–1.57	31.11	56 617	409
–11.52	10.68	–1.23	23.23	41 724	272
–6.27	11.51	–0.72	36.23	25 670	268
–7.06	14.55	–1.03	37.63	52 566	421
–9.98	13.00	–1.30	39.31	18 962	189
1.18	11.75	0.14	32.23	18 669	223
8.29	28.59	2.37	55.29	58 384	256
–4.08	17.42	–0.71	30.36	100 615	735
–3.31	17.47	–0.58	34.27	118 870	828
–3.12	13.19	–0.41	27.47	40 616	377
1.57	14.08	0.22	20.77	69 078	401
–1.62	11.37	–0.18	26.28	30 147	341
–5.27	13.51	–0.71	31.47	100 601	792
–7.00	10.78	–0.75	24.77	40 287	362
–4.76	13.87	–0.66	33.99	35 010	378
6.56	14.08	0.92	24.49	49 246	414
1.07	16.15	0.17	31.19	151 190	917
–3.24	11.36	–0.37	24.17	37 038	381
14.44	19.75	2.85	46.21	23 359	150
–3.35	13.58	–0.46	29.40	31 006	234
1.83	14.04	0.26	34.78	60 180	461
0.66	10.93	0.07	21.00	22 602	305
1.09	9.10	0.10	29.32	71 719	563
10.01	16.87	1.69	63.90	3 594	109
–4.83	11.99	–0.58	26.71	40 717	333
–1.18	9.49	–0.11	24.49	26 274	304
1.72	12.07	0.21	23.36	7 076	125
–14.33	11.96	–1.71	36.20	8 888	84
–6.68	14.91	–1.00	34.02	30 197	385

1-4 全国内资星级饭店

	固定资产原价（万元）	营业收入（万元）	利润（万元）	营业税金及附加（万元）
全国	**43 839 264.05**	**20 344 555.89**	**−362 803.15**	**1 161 526.62**
北京	6 079 927.20	2 465 676.38	108 569.60	134 952.80
天津	378 778.01	252 695.90	−34 022.67	13 906.67
河北	1 650 193.67	654 219.23	−85 592.56	35 439.82
山西	960 092.82	438 590.68	−50 471.18	25 252.10
内蒙古	813 559.16	272 453.53	−17 919.20	14 301.16
辽宁	1 354 087.58	587 358.18	−46 011.49	29 878.18
吉林	654 740.02	219 913.94	−25 942.59	12 871.05
黑龙江	540 058.34	192 136.60	−2 619.17	10 956.32
上海	3 159 777.71	1 551 080.68	102 992.56	83 405.84
江苏	2 755 479.75	1 591 975.95	−64 875.08	85 459.62
浙江	3 472 451.25	1 841 063.85	−88 085.82	105 549.53
安徽	1 070 251.52	513 456.45	−17 959.80	26 877.26
福建	1 050 097.49	712 320.15	−2 329.94	42 226.15
江西	717 716.91	319 745.40	−6 551.21	16 079.74
山东	2 817 322.03	1 262 489.33	−64 022.33	69 427.49
河南	925 342.80	409 919.53	−28 155.18	23 257.22
湖北	1 053 248.57	408 714.31	−28 294.57	23 220.29
湖南	1 158 801.10	673 673.92	45 793.33	30 845.26
广东	3 437 737.13	1 948 789.41	22 332.48	123 673.93
广西	742 384.57	388 254.76	−10 576.08	20 694.99
海南	790 757.27	311 585.91	23 442.30	16 919.41
重庆	779 762.48	360 714.43	−29 110.36	19 818.12
四川	1 826 428.46	751 769.71	−1 592.30	41 063.91
贵州	449 896.09	242 444.93	2 215.96	14 022.56
云南	2 016 484.52	619 050.48	5 277.02	43 527.47
西藏	222 240.29	54 936.23	4 464.58	8 533.91
陕西	846 134.20	424 179.83	−26 296.93	22 051.19
甘肃	604 360.08	240 601.20	−3 685.00	13 396.81
青海	165 262.01	85 403.55	1 469.48	3 812.86
宁夏	318 769.33	105 006.98	−14 749.99	4 356.48
新疆	1 027 121.69	444 334.46	−30 497.01	45 748.48

主要经济指标（按地区分）

利润率 （%）	全员劳动生产率 （万元／人）	人均实现利润 （万元／人）	人均固定资产原价 （万元／人）	从业人员 （人）	企业数 （家）
-1.78	**14.76**	**-0.26**	**31.81**	**1 378 141**	**11 207**
4.40	23.77	1.05	58.62	103 726	528
-13.46	15.32	-2.06	22.97	16 492	91
-13.08	11.88	-1.55	29.96	55 081	401
-11.51	10.65	-1.23	23.31	41 182	270
-6.58	11.01	-0.72	32.89	24 738	266
-7.83	13.75	-1.08	31.70	42 716	379
-11.80	12.39	-1.46	36.88	17 754	186
-1.36	10.67	-0.15	30.00	17 999	220
6.64	27.89	1.85	56.82	55 611	250
-4.08	17.21	-0.70	29.78	92 522	701
-4.78	16.71	-0.80	31.52	110 178	798
-3.50	13.18	-0.46	27.47	38 967	368
-0.33	12.99	-0.04	19.15	54 840	350
-2.05	11.09	-0.23	24.90	28 826	331
-5.07	13.23	-0.67	29.52	95 452	767
-6.87	10.71	-0.74	24.18	38 263	355
-6.92	13.01	-0.90	33.53	31 412	362
6.80	14.26	0.97	24.53	47 248	405
1.15	15.59	0.18	27.50	125 012	817
-2.72	11.31	-0.31	21.63	34 329	372
7.52	17.74	1.33	45.02	17 566	134
-8.07	12.81	-1.03	27.69	28 165	228
-0.21	13.20	-0.03	32.07	56 944	452
0.91	10.92	0.10	20.26	22 204	302
0.85	9.00	0.08	29.30	68 819	549
8.13	16.30	1.32	65.93	3 371	108
-6.20	11.37	-0.70	22.67	37 317	323
-1.53	9.33	-0.14	23.43	25 799	302
1.72	12.07	0.21	23.36	7 076	125
-14.05	12.01	-1.69	36.45	8 746	83
-6.86	14.92	-1.02	34.48	29 786	384

1-5 全国外资星级饭店

	固定资产原价（万元）	营业收入（万元）	利润（万元）	营业税金及附加（万元）
全国	**6 337 928.17**	**2 584 727.81**	**153 993.07**	**144 201.23**
北京	723 266.90	300 098.77	14 288.80	16 452.40
天津	2 904.70	13 038.00	498.93	1 233.13
河北	111 302.20	21 226.39	–3 219.63	1 179.32
山西	9 269.09	6 862.61	–838.15	401.75
内蒙古	116 524.00	23 053.04	–613.30	1 199.30
辽宁	623 942.07	177 244.74	–7 982.63	9 732.31
吉林	90 708.80	26 644.86	1 326.50	1 374.20
黑龙江	61 672.40	27 274.93	5 203.80	1 477.20
上海	67 982.00	118 060.12	35 367.60	6 626.00
江苏	299 048.96	160 907.18	–6 601.63	8 680.23
浙江	601 409.25	235 263.32	19 374.00	12 149.98
安徽	45 358.13	22 287.28	1 240.52	1 504.24
福建	384 677.75	260 637.55	17 636.12	15 797.32
江西	74 689.30	23 061.87	999.50	1 289.60
山东	348 866.36	96 424.38	–7 649.94	4 618.35
河南	72 718.10	24 481.20	–2 256.40	1 310.10
湖北	136 756.17	76 701.87	5 173.35	4 153.35
湖南	47 398.99	19 565.38	–299.67	1 033.28
广东	1 277 778.67	492 391.44	3 901.49	27 921.04
广西	152 652.53	32 566.87	–3 062.30	1 807.18
海南	288 647.54	149 806.50	43 169.75	8 456.54
重庆	131 825.23	60 333.22	14 994.58	3 193.88
四川	266 828.03	93 080.66	17 085.03	5 436.28
贵州	24 799.80	4 565.99	–596.60	257.60
云南	86 064.20	33 435.35	1 844.17	2 146.46
西藏	7 417.49	5 684.86	1 603.90	324.80
陕西	241 274.38	64 094.16	2 709.65	3 557.07
甘肃	39 162.13	8 831.74	752.23	492.32
青海	—	—	—	—
宁夏	2 943.10	1 299.47	–485.00	74.30
新疆	39.90	5 804.06	428.40	321.70

主要经济指标（按地区分）

利润率 （%）	全员劳动生产率 （万元/人）	人均实现利润 （万元/人）	人均固定资产原价 （万元/人）	从业人员 （人）	企业数 （家）
5.96	**20.79**	**1.24**	**50.98**	**124 328**	**480**
4.76	27.67	1.32	66.69	10 846	49
3.83	25.92	0.99	5.77	503	2
−15.17	13.82	−2.10	72.46	1 536	8
−12.21	12.66	−1.55	17.10	542	2
−2.66	24.74	−0.66	125.03	932	2
−4.50	17.99	−0.81	63.34	9 850	42
4.98	22.06	1.10	75.09	1 208	3
19.08	40.71	7.77	92.05	670	3
29.96	42.57	12.75	24.52	2 773	6
−4.10	19.88	−0.82	36.95	8 093	34
8.24	27.07	2.23	69.19	8 692	30
5.57	13.52	0.75	27.51	1 649	9
6.77	18.31	1.24	27.02	14 238	51
4.33	17.46	0.76	56.54	1 321	10
−7.93	18.73	−1.49	67.75	5 149	25
−9.22	12.10	−1.11	35.93	2 024	7
6.74	21.32	1.44	38.01	3 598	16
−1.53	9.79	0.15	23.72	1 998	9
0.79	18.81	0.15	48.81	26 178	100
−9.40	12.02	−1.13	56.35	2 709	9
28.82	25.86	7.45	49.83	5 793	16
24.85	21.24	5.28	46.40	2 841	6
18.36	28.76	5.28	82.46	3 236	9
−13.07	11.47	−1.50	62.31	398	3
5.52	11.53	0.64	29.68	2 900	14
28.21	25.49	7.19	33.26	223	1
4.23	18.85	0.80	70.96	3 400	10
8.52	18.59	1.58	82.45	475	2
—	—	—	—	—	—
−37.32	9.15	−3.42	20.73	142	1
7.38	14.12	1.04	0.10	411	1

1-6 全国旅游景区

	固定资产原　价（万元）	营业收入（万元）	利　润（万元）	营业税金及附加（万元）
全　国	**13 246 167.57**	**5 264 966.43**	**372 858.99**	**196 306.82**
北　京	719 868.67	161 184.67	-14 558.26	5 195.79
天　津	96 339.26	58 254.35	4 176.54	3 700.07
河　北	1 093 212.81	215 677.11	-37 048.13	10 568.74
山　西	319 332.13	63 279.29	-9 243.67	1 476.95
内蒙古	314 601.67	92 703.01	-4 699.16	2 716.56
辽　宁	99 876.70	38 246.51	1 307.08	1 140.80
吉　林	53 328.04	18 235.52	-188.66	710.53
黑龙江	130 212.85	36 443.35	-4 952.64	767.46
上　海	950 161.78	320 926.91	52 818.59	10 323.64
江　苏	1 699 594.16	448 746.85	-47 926.51	15 114.82
浙　江	813 427.36	339 613.50	37 159.14	14 277.30
安　徽	554 474.66	188 985.82	7 299.68	7 536.78
福　建	334 859.28	233 813.34	17 330.12	7 019.83
江　西	87 071.97	101 730.32	4 404.43	2 837.72
山　东	1 248 399.54	427 462.99	39 185.54	20 757.50
河　南	499 578.18	244 071.67	32 996.36	8 953.93
湖　北	615 033.80	197 868.19	20 090.46	7 601.02
湖　南	415 686.02	347 275.72	35 701.78	8 000.68
广　东	876 614.98	493 767.48	109 564.30	21 052.01
广　西	116 022.44	55 660.36	-3 169.79	2 575.09
海　南	229 519.36	156 239.01	42 350.70	6 301.43
重　庆	379 012.08	137 379.27	5 276.27	5 650.79
四　川	457 966.73	209 361.72	8 101.49	7 702.83
贵　州	62 557.95	29 289.56	-1 049.63	1 498.16
云　南	373 145.48	278 719.31	36 749.76	6 638.18
西　藏	—	—	—	—
陕　西	219 704.03	125 011.64	9 428.69	6 309.02
甘　肃	145 784.73	68 592.68	5 373.50	1 672.49
青　海	5 637.28	843.06	-157.63	26.75
宁　夏	177 162.58	69 466.19	16 601.11	2 929.92
新　疆	157 981.05	106 117.03	9 937.53	5 250.03

主要经济指标（按地区分）

利润率 （%）	全员劳动生产率 （万元／人）	人均实现利润 （万元／人）	人均固定资产原价 （万元／人）	从业人员 （人）	企业数 （家）
7.08	**22.13**	**1.57**	**55.67**	**237 961**	**2 025**
-9.03	21.82	-1.97	97.44	7 388	56
7.17	46.31	3.32	76.58	1 258	10
-17.18	19.74	-3.39	100.05	10 927	71
-14.61	9.92	-1.45	50.08	6 376	49
-5.07	11.50	-0.58	39.03	8 061	113
3.42	18.81	0.64	49.13	2 033	17
-1.03	7.92	-0.08	23.17	2 302	28
-13.59	12.25	-1.66	43.77	2 975	28
16.46	35.84	5.90	106.12	8 954	72
-10.68	24.99	-2.67	94.65	17 957	161
10.94	22.05	2.41	52.81	15 402	169
3.86	32.34	1.25	94.90	5 843	56
7.41	23.49	1.74	33.64	9 955	70
4.33	32.72	1.42	28.01	3 109	31
9.17	25.20	2.31	73.60	16 962	155
13.52	18.46	2.50	37.79	13 220	106
10.15	17.69	1.80	54.98	11 186	124
10.28	22.94	2.36	27.46	15 136	80
22.19	24.16	5.36	42.89	20 441	106
-5.69	9.37	-0.53	19.52	5 943	63
27.11	22.05	5.98	32.39	7 086	29
3.84	15.72	0.60	43.37	8 739	59
3.87	25.76	1.00	56.35	8 127	82
-3.58	11.97	-0.43	25.56	2 447	27
13.19	26.46	3.49	35.42	10 535	73
—	—	—	—	—	—
7.54	20.48	1.54	36.00	6 103	72
7.83	19.30	1.51	41.02	3 554	33
-18.70	5.70	-1.07	38.09	148	6
23.90	21.90	5.23	55.85	3 172	22
9.36	40.47	3.79	60.25	2 622	57

二、分地区旅游企业资料

2-1 北京市旅游

	固定资产原价（万元）	营业收入（万元）	利润（万元）	营业税金及附加（万元）
合计	**8 551 600.96**	**8 959 963.60**	**363 649.64**	**180 883.67**
（一）旅行社	1 028 538.19	6 032 936.23	255 349.50	24 282.68
（二）星级饭店	6 803 194.10	2 765 842.70	122 858.40	151 405.20
内资饭店	6 079 927.20	2 465 736.60	108 569.60	134 952.80
外资饭店	723 266.90	300 106.10	14 288.80	16 452.40
（三）旅游景区	719 868.67	161 184.67	–14 558.26	5 195.79

2-2 天津市旅游

	固定资产原价（万元）	营业收入（万元）	利润（万元）	营业税金及附加（万元）
合计	**651 086.89**	**706 717.94**	**–12 837.45**	**21 380.34**
（一）旅行社	173 064.92	382 723.20	16 509.75	2 540.47
（二）星级饭店	381 682.71	265 740.39	–33 523.74	15 139.80
内资饭店	378 778.01	252 702.07	–34 022.67	13 906.67
外资饭店	2 904.70	13 038.32	498.93	1 233.13
（三）旅游景区	96 339.26	58 254.35	4 176.54	3 700.07

企业主要经济指标

利润率 (%)	全员劳动生产率 (万元/人)	人均实现利润 (万元/人)	人均固定资产原价 (万元/人)	从业人员 (人)	企业数 (家)
4.06	**58.41**	**2.37**	**55.75**	**153 390**	**1 778**
4.23	191.95	8.12	32.72	31 430	1 145
4.44	24.14	1.07	59.38	114 572	577
4.40	23.77	1.05	58.62	103 726	528
4.76	27.67	1.32	66.69	10 846	49
-9.03	21.82	-1.97	97.44	7 388	56

企业主要经济指标

利润率 (%)	全员劳动生产率 (万元/人)	人均实现利润 (万元/人)	人均固定资产原价 (万元/人)	从业人员 (人)	企业数 (家)
-1.82	**31.30**	**-0.57**	**28.84**	**22 579**	**486**
4.31	88.47	3.82	40.01	4 326	383
-12.62	15.64	-1.97	22.46	16 995	93
-13.46	15.32	-2.06	22.97	16 492	91
3.83	25.92	0.99	5.77	503	2
7.17	46.31	3.32	76.58	1 258	10

2-3 河北省旅游

	固定资产原价（万元）	营业收入（万元）	利润（万元）	营业税金及附加（万元）
合计	**2 992 600.86**	**1 291 570.56**	**–97 001.07**	**49 039.09**
（一）旅行社	137 892.18	400 431.34	28 859.25	1 851.21
（二）星级饭店	1 761 495.87	675 462.11	–88 812.19	36 619.14
内资饭店	1 650 193.67	654 235.20	–85 592.56	35 439.82
外资饭店	111 302.20	21 226.91	–3 219.63	1 179.32
（三）旅游景区	1 093 212.81	215 677.11	–37 048.13	10 568.74

2-4 山西省旅游

	固定资产原价（万元）	营业收入（万元）	利润（万元）	营业税金及附加（万元）
合计	**1 396 032.44**	**885 351.85**	**–42 641.08**	**28 494.57**
（一）旅行社	107 338.40	376 608.39	17 911.92	1 363.77
（二）星级饭店	969 361.91	445 464.17	–51 309.33	25 653.85
内资饭店	960 092.82	438 601.39	–50 471.18	25 252.10
外资饭店	9 269.09	6 862.78	–838.15	401.75
（三）旅游景区	319 332.13	63 279.29	–9 243.67	1 476.95

企业主要经济指标

利润率（%）	全员劳动生产率（万元／人）	人均实现利润（万元／人）	人均固定资产原价（万元／人）	从业人员（人）	企业数（家）
−7.51	**16.89**	**−1.27**	**39.12**	**76 490**	**1 751**
7.21	44.76	3.23	15.41	8 946	1 271
−13.15	11.93	−1.57	31.11	56 617	409
−13.08	11.88	−1.55	29.96	55 081	401
−15.17	13.82	−2.10	72.46	1 536	8
−17.18	19.74	−3.39	100.05	10 927	71

企业主要经济指标

利润率（%）	全员劳动生产率（万元／人）	人均实现利润（万元／人）	人均固定资产原价（万元／人）	从业人员（人）	企业数（家）
−4.82	**15.85**	**−0.76**	**24.99**	**55 857**	**1 109**
4.76	48.55	2.31	13.84	7 757	788
−11.52	10.68	−1.23	23.23	41 724	272
−11.51	10.65	−1.23	23.31	41 182	270
−12.21	12.66	−1.55	17.10	542	2
−14.61	9.92	−1.45	50.08	6 376	49

2-5 内蒙古自治区旅游

	固定资产原价（万元）	营业收入（万元）	利润（万元）	营业税金及附加（万元）
合计	**1 357 522.25**	**577 360.06**	**–9 564.40**	**19 736.27**
（一）旅行社	112 837.42	189 143.27	13 667.26	1 519.25
（二）星级饭店	930 083.16	295 513.78	–18 532.50	15 500.46
内资饭店	813 559.16	272 460.18	–17 919.20	14 301.16
外资饭店	116 524.00	23 053.60	–613.30	1 199.30
（三）旅游景区	314 601.67	92 703.01	–4 699.16	2 716.56

2-6 辽宁省旅游

	固定资产原价（万元）	营业收入（万元）	利润（万元）	营业税金及附加（万元）
合计	**2 206 733.69**	**1 660 783.06**	**–9 368.19**	**43 634.80**
（一）旅行社	128 827.35	857 914.97	43 318.84	2 883.51
（二）星级饭店	1 978 029.64	764 621.58	–53 994.11	39 610.49
内资饭店	1 354 087.58	587 372.53	–46 011.49	29 878.18
外资饭店	623 942.07	177 249.06	–7 982.63	9 732.31
（三）旅游景区	99 876.70	38 246.51	1 307.08	1 140.80

企业主要经济指标

利润率 （%）	全员劳动 生产率 （万元／人）	人均实现 利润 （万元／人）	人均固定 资产原价 （万元／人）	从业人员 （人）	企业数 （家）
-1.66	**14.85**	**-0.25**	**34.91**	**38 891**	**1 271**
7.23	36.66	2.65	21.87	5 160	890
-6.27	11.51	-0.72	36.23	25 670	268
-6.58	11.01	-0.72	32.89	24 738	266
-2.66	24.74	-0.66	125.03	932	2
-5.07	11.50	-0.58	39.03	8 061	113

企业主要经济指标

利润率 （%）	全员劳动 生产率 （万元／人）	人均实现 利润 （万元／人）	人均固定 资产原价 （万元／人）	从业人员 （人）	企业数 （家）
-0.56	**26.54**	**-0.15**	**35.26**	**62 585**	**1 603**
5.05	107.43	5.42	16.13	7 986	1 165
-7.06	14.55	-1.03	37.63	52 566	421
-7.83	13.75	-1.08	31.70	42 716	379
-4.50	17.99	-0.81	63.34	9 850	42
3.42	18.81	0.64	49.13	2 033	17

2-7　吉林省旅游

	固定资产原价（万元）	营业收入（万元）	利润（万元）	营业税金及附加（万元）
合计	**851 616.90**	**378 253.18**	**−19 805.65**	**15 540.94**
（一）旅行社	52 840.04	113 452.82	4 999.10	585.16
（二）星级饭店	745 448.82	246 564.84	−24 616.09	14 245.25
内资饭店	654 740.02	219 919.33	−25 942.59	12 871.05
外资饭店	90 708.80	26 645.50	1 326.50	1 374.20
（三）旅游景区	53 328.04	18 235.52	−188.66	710.53

2-8　黑龙江省旅游

	固定资产原价（万元）	营业收入（万元）	利润（万元）	营业税金及附加（万元）
合计	**818 930.15**	**537 381.15**	**18 376.44**	**15 353.59**
（一）旅行社	86 986.56	281 520.89	20 744.45	2 152.61
（二）星级饭店	601 730.74	219 416.91	2 584.63	12 433.52
内资饭店	540 058.34	192 141.30	−2 619.17	10 956.32
外资饭店	61 672.40	27 275.60	5 203.80	1 477.20
（三）旅游景区	130 212.85	36 443.35	−4 952.64	767.46

企业主要经济指标

利润率 （%）	全员劳动 生 产 率 （万元／人）	人均实现 利 润 （万元／人）	人均固定 资产原价 （万元／人）	从业人员 （人）	企业数 （家）
−5.24	**15.13**	**−0.79**	**34.08**	**24 992**	**770**
4.41	30.43	1.34	14.17	3 728	553
−9.98	13.00	−1.30	39.31	18 962	189
−11.80	12.39	−1.46	36.88	17 754	186
4.98	22.06	1.10	75.09	1 208	3
−1.03	7.92	−0.08	23.17	2 302	28

企业主要经济指标

利润率 （%）	全员劳动 生 产 率 （万元／人）	人均实现 利 润 （万元／人）	人均固定 资产原价 （万元／人）	从业人员 （人）	企业数 （家）
3.42	**20.31**	**0.69**	**30.95**	**26 463**	**915**
7.37	58.42	4.30	18.05	4 819	664
1.18	11.75	0.14	32.23	18 669	223
−1.36	10.68	−0.15	30.00	17 999	220
19.08	40.71	7.77	92.05	670	3
−13.59	12.25	−1.66	43.77	2 975	28

2-9 上海市旅游

	固定资产原价（万元）	营业收入（万元）	利润（万元）	营业税金及附加（万元）
合计	**4 693 035.41**	**7 606 434.94**	**397 611.35**	**117 541.87**
（一）旅行社	515 113.92	5 616 326.46	206 432.60	17 186.39
（二）星级饭店	3 227 759.71	1 669 181.57	138 360.16	90 031.84
内资饭店	3 159 777.71	1 551 118.57	102 992.56	83 405.84
外资饭店	67 982.00	118 063.00	35 367.60	6 626.00
（三）旅游景区	950 161.78	320 926.91	52 818.59	10 323.64

2-10 江苏省旅游

	固定资产原价（万元）	营业收入（万元）	利润（万元）	营业税金及附加（万元）
合计	**5 511 593.43**	**4 512 251.00**	**–30 060.70**	**119 394.83**
（一）旅行社	757 470.56	2 310 578.21	89 342.52	10 140.16
（二）星级饭店	3 054 528.71	1 752 925.94	–71 476.71	94 139.85
内资饭店	2 755 479.75	1 592 014.83	–64 875.08	85 459.62
外资饭店	299 048.96	160 911.11	–6 601.63	8 680.23
（三）旅游景区	1 699 594.16	448 746.85	–47 926.51	15 114.82

企业主要经济指标

利润率 （%）	全员劳动 生产率 （万元／人）	人均实现 利润 （万元／人）	人均固定 资产原价 （万元／人）	从业人员 （人）	企业数 （家）
5.23	**85.11**	**4.45**	**52.51**	**89 377**	**1 467**
3.68	254.84	9.37	23.37	22 039	1 139
8.29	28.59	2.37	55.29	58 384	256
6.64	27.89	1.85	56.82	55 611	250
29.96	42.58	12.75	24.52	2 773	6
16.46	35.84	5.90	106.12	8 954	72

企业主要经济指标

利润率 （%）	全员劳动 生产率 （万元／人）	人均实现 利润 （万元／人）	人均固定 资产原价 （万元／人）	从业人员 （人）	企业数 （家）
−0.67	**32.35**	**−0.22**	**39.52**	**139 478**	**2 969**
3.87	110.52	4.27	36.23	20 906	2 073
−4.08	17.42	−0.71	30.36	100 615	735
−4.08	17.21	−0.70	29.78	92 522	701
−4.10	19.88	−0.82	36.95	8 093	34
−10.68	24.99	−2.67	94.65	17 957	161

2-11 浙江省旅游

	固定资产原价（万元）	营业收入（万元）	利润（万元）	营业税金及附加（万元）
合计	**5 436 433.56**	**4 824 548.32**	**98 227.61**	**143 177.19**
（一）旅行社	549 145.69	2 408 556.92	129 780.30	11 200.38
（二）星级饭店	4 073 860.51	2 076 377.90	–68 711.83	117 699.51
内资饭店	3 472 451.25	1 841 108.82	–88 085.82	105 549.53
外资饭店	601 409.25	235 269.07	19 374.00	12 149.98
（三）旅游景区	813 427.36	339 613.50	37 159.14	14 277.30

2-12 安徽省旅游

	固定资产原价（万元）	营业收入（万元）	利润（万元）	营业税金及附加（万元）
合计	**1 801 440.55**	**1 303 855.69**	**18 575.39**	**38 562.81**
（一）旅行社	131 356.24	579 113.07	27 994.99	2 644.53
（二）星级饭店	1 115 609.65	535 756.80	–16 719.28	28 381.50
内资饭店	1 070 251.52	513 468.99	–17 959.80	26 877.26
外资饭店	45 358.13	22 287.82	1 240.52	1 504.24
（三）旅游景区	554 474.66	188 985.82	7 299.68	7 536.78

企业主要经济指标

利润率 （%）	全员劳动生产率 （万元／人）	人均实现利润 （万元／人）	人均固定资产原价 （万元／人）	从业人员 （人）	企业数 （家）
2.04	**29.82**	**0.61**	**33.60**	**161 815**	**2 985**
5.39	87.45	4.71	19.94	27 543	1 988
–3.31	17.47	–0.58	34.27	118 870	828
–4.78	16.71	–0.80	31.52	110 178	798
8.23	27.07	2.23	69.19	8 692	30
10.94	22.05	2.41	52.81	15 402	169

企业主要经济指标

利润率 （%）	全员劳动生产率 （万元／人）	人均实现利润 （万元／人）	人均固定资产原价 （万元／人）	从业人员 （人）	企业数 （家）
1.42	**23.33**	**0.33**	**32.24**	**55 884**	**1 470**
4.83	61.44	2.97	13.94	9 425	1 037
3.12	13.19	–0.41	27.47	40 616	377
–3.50	13.18	–0.46	27.47	38 967	368
5.57	13.52	0.75	27.51	1 649	9
3.86	32.34	1.25	94.90	5 843	56

2-13 福建省旅游

	固定资产原价（万元）	营业收入（万元）	利润（万元）	营业税金及附加（万元）
合计	**2 072 833.99**	**2 647 804.14**	**99 998.18**	**70 770.45**
（一）旅行社	303 199.47	1 441 009.34	67 361.88	5 727.15
（二）星级饭店	1 434 775.24	972 981.46	15 306.18	58 023.47
内资饭店	1 050 097.49	712 337.55	–2 329.94	42 226.15
外资饭店	384 677.75	260 643.91	17 636.12	15 797.32
（三）旅游景区	334 859.28	233 813.34	17 330.12	7 019.83

2-14 江西省旅游

	固定资产原价（万元）	营业收入（万元）	利润（万元）	营业税金及附加（万元）
合计	**1 023 583.30**	**881 084.13**	**10 166.99**	**22 137.47**
（一）旅行社	144 105.12	436 538.17	11 314.27	1 930.41
（二）星级饭店	792 406.21	342 815.64	–5 551.71	17 369.34
内资饭店	717 716.91	319 753.21	–6 551.21	16 079.74
外资饭店	74 689.30	23 062.43	999.50	1 289.60
（三）旅游景区	87 071.97	101 730.32	4 404.43	2 837.72

企业主要经济指标

利润率（%）	全员劳动生产率（万元／人）	人均实现利润（万元／人）	人均固定资产原价（万元／人）	从业人员（人）	企业数（家）
3.78	**28.34**	**1.07**	**22.18**	**93 439**	**1 255**
4.67	100.03	4.68	21.05	14 406	784
1.57	14.09	0.22	20.77	69 078	401
-0.33	12.99	-0.04	19.15	54 840	350
6.77	18.31	1.24	27.02	14 238	51
7.41	23.49	1.74	33.64	9 955	70

企业主要经济指标

利润率（%）	全员劳动生产率（万元／人）	人均实现利润（万元／人）	人均固定资产原价（万元／人）	从业人员（人）	企业数（家）
1.15	**22.23**	**0.26**	**25.83**	**39 632**	**1 140**
2.59	68.47	1.77	22.60	6 376	768
-1.62	11.37	-0.18	26.28	30 147	341
-2.05	11.09	-0.23	24.90	28 826	331
4.33	17.46	0.76	56.54	1 321	10
4.33	32.72	1.42	28.01	3 109	31

2-15 山东省旅游

	固定资产原价（万元）	营业收入（万元）	利润（万元）	营业税金及附加（万元）
合计	**4 996 974.34**	**3 196 824.46**	**61 390.41**	**101 756.61**
（一）旅行社	582 386.40	1 410 414.56	93 877.14	6 953.27
（二）星级饭店	3 166 188.40	1 358 946.91	−71 672.27	74 045.84
内资饭店	2 817 322.03	1 262 520.17	−64 022.33	69 427.49
外资饭店	348 866.36	96 426.74	−7 649.94	4 618.35
（三）旅游景区	1 248 399.54	427 462.99	39 185.54	20 757.50

2-16 河南省旅游

	固定资产原价（万元）	营业收入（万元）	利润（万元）	营业税金及附加（万元）
合计	**1 790 195.98**	**992 721.98**	**20 531.24**	**35 156.17**
（一）旅行社	292 556.90	314 238.97	17 946.46	1 634.92
（二）星级饭店	998 060.90	434 411.34	−30 411.58	24 567.32
内资饭店	925 342.80	409 929.54	−28 155.18	23 257.22
外资饭店	72 718.10	24 481.80	−2 256.40	1 310.10
（三）旅游景区	499 578.18	244 071.67	32 996.36	8 953.93

企业主要经济指标

利润率 （%）	全员劳动生产率 （万元／人）	人均实现利润 （万元／人）	人均固定资产原价 （万元／人）	从业人员 （人）	企业数 （家）
1.92	**23.44**	**0.45**	**36.64**	**136 372**	**2 948**
6.66	74.99	4.99	30.96	18 809	2 001
−5.27	13.51	−0.71	31.47	100 601	792
−5.07	13.23	−0.67	29.52	95 452	767
−7.93	18.73	−1.49	67.75	5 149	25
9.17	25.20	2.31	73.60	16 962	155

企业主要经济指标

利润率 （%）	全员劳动生产率 （万元／人）	人均实现利润 （万元／人）	人均固定资产原价 （万元／人）	从业人员 （人）	企业数 （家）
2.07	**16.25**	**0.34**	**29.30**	**61 102**	**1 601**
5.71	41.37	2.36	38.52	7 595	1 133
−7.00	10.78	−0.75	24.77	40 287	362
−6.87	10.71	−0.74	24.18	38 263	355
−9.22	12.10	−1.11	35.93	2 024	7
13.52	18.46	2.50	37.79	13 220	106

2-17 湖北省旅游

	固定资产原价（万元）	营业收入（万元）	利润（万元）	营业税金及附加（万元）
合计	**2 200 400.62**	**1 828 504.66**	**58 174.16**	**40 625.11**
（一）旅行社	395 362.08	1 145 208.43	61 204.91	5 650.46
（二）星级饭店	1 190 004.74	485 428.04	–23 121.21	27 373.63
内资饭店	1 053 248.57	408 724.30	–28 294.57	23 220.29
外资饭店	136 756.17	76 703.74	5 173.35	4 153.35
（三）旅游景区	615 033.80	197 868.19	20 090.46	7 601.02

2-18 湖南省旅游

	固定资产原价（万元）	营业收入（万元）	利润（万元）	营业税金及附加（万元）
合计	**2 116 205.15**	**2 339 923.85**	**138 838.27**	**44 958.03**
（一）旅行社	494 319.04	1 299 391.90	57 642.82	5 078.81
（二）星级饭店	1 206 200.09	693 256.23	45 493.67	31 878.54
内资饭店	1 158 801.10	673 690.37	45 793.33	30 845.26
外资饭店	47 398.99	19 565.86	–299.67	1 033.28
（三）旅游景区	415 686.02	347 275.72	35 701.78	8 000.68

企业主要经济指标

利润率 （%）	全员劳动 生 产 率 （万元／人）	人均实现 利　　润 （万元／人）	人均固定 资产原价 （万元／人）	从业人员 （人）	企业数 （家）
3.18	**28.84**	**0.92**	**34.71**	**63 398**	**1 560**
5.34	66.57	3.56	22.98	17 202	1 058
–4.76	13.87	–0.66	33.99	35 010	378
–6.92	13.01	–0.90	33.53	31 412	362
6.74	21.32	1.44	38.01	3 598	16
10.15	17.69	1.80	54.98	11 186	124

企业主要经济指标

利润率 （%）	全员劳动 生 产 率 （万元／人）	人均实现 利　　润 （万元／人）	人均固定 资产原价 （万元／人）	从业人员 （人）	企业数 （家）
5.93	**30.38**	**1.80**	**27.48**	**77 010**	**1 264**
4.44	102.90	4.56	39.14	12 628	770
6.56	14.08	0.92	24.49	49 246	414
6.80	14.26	0.97	24.53	47 248	405
–1.53	9.79	0.15	23.72	1 998	9
10.28	22.94	2.36	27.46	15 136	80

2-19 广东省旅游

	固定资产原价（万元）	营业收入（万元）	利润（万元）	营业税金及附加（万元）
合计	**6 106 559.93**	**8 377 383.22**	**415 863.67**	**197 020.05**
（一）旅行社	514 429.15	5 442 375.27	280 065.40	24 373.07
（二）星级饭店	4 715 515.80	2 441 240.47	26 233.97	151 594.97
内资饭店	3 437 737.13	1 948 837.00	22 332.48	123 673.93
外资饭店	1 277 778.67	492 403.47	3 901.49	27 921.04
（三）旅游景区	876 614.98	493 767.48	109 564.30	21 052.01

2-20 广西壮族自治区旅游

	固定资产原价（万元）	营业收入（万元）	利润（万元）	营业税金及附加（万元）
合计	**1 062 983.34**	**906 859.99**	**1 833.41**	**26 737.46**
（一）旅行社	51 923.80	430 367.74	18 641.59	1 660.20
（二）星级饭店	895 037.10	420 831.89	–13 638.39	22 502.17
内资饭店	742 384.57	388 264.23	–10 576.08	20 694.99
外资饭店	152 652.53	32 567.67	–3 062.30	1 807.18
（三）旅游景区	116 022.44	55 660.36	–3 169.79	2 575.09

企业主要经济指标

利润率（%）	全员劳动生产率（万元/人）	人均实现利润（万元/人）	人均固定资产原价（万元/人）	从业人员（人）	企业数（家）
4.96	**38.82**	**1.93**	**28.30**	**215 773**	**2 679**
5.15	123.29	6.34	11.65	44 142	1 656
1.07	16.15	0.17	31.19	151 190	917
1.15	15.59	0.18	27.50	125 012	817
0.79	18.81	0.15	48.81	26 178	100
22.19	24.16	5.36	42.89	20 441	106

企业主要经济指标

利润率（%）	全员劳动生产率（万元/人）	人均实现利润（万元/人）	人均固定资产原价（万元/人）	从业人员（人）	企业数（家）
0.20	**18.15**	**0.04**	**21.27**	**49 967**	**957**
4.33	61.60	2.67	7.43	6 986	513
–3.24	11.36	–0.37	24.17	37 038	381
–2.72	11.31	–0.31	21.63	34 329	372
–9.40	12.02	–1.13	56.35	2 709	9
–5.69	9.37	–0.53	19.52	5 943	63

2-21 海南省旅游

	固定资产原价（万元）	营业收入（万元）	利润（万元）	营业税金及附加（万元）
合计	**1 417 046.06**	**1 049 806.58**	**125 425.45**	**33 034.22**
（一）旅行社	108 121.89	432 163.89	16 462.70	1 356.84
（二）星级饭店	1 079 404.81	461 403.68	66 612.05	25 375.95
内资饭店	790 757.27	311 593.52	23 442.30	16 919.41
外资饭店	288 647.54	149 810.16	43 169.75	8 456.54
（三）旅游景区	229 519.36	156 239.01	42 350.70	6 301.43

2-22 重庆市旅游

	固定资产原价（万元）	营业收入（万元）	利润（万元）	营业税金及附加（万元）
合计	**1 489 578.97**	**1 621 987.25**	**32 532.61**	**31 592.77**
（一）旅行社	198 979.18	1 063 550.05	41 372.13	2 929.98
（二）星级饭店	911 587.71	421 057.93	–14 115.79	23 012.00
内资饭店	779 762.48	360 723.24	–29 110.36	19 818.12
外资饭店	131 825.23	60 334.69	14 994.58	3 193.88
（三）旅游景区	379 012.08	137 379.27	5 276.27	5 650.79

企业主要经济指标

利润率（%）	全员劳动生产率（万元／人）	人均实现利润（万元／人）	人均固定资产原价（万元／人）	从业人员（人）	企业数（家）
11.95	**29.24**	**3.49**	**39.47**	**35 902**	**531**
3.81	79.19	3.02	19.81	5 457	352
14.44	19.75	2.85	46.21	23 359	150
7.52	17.74	1.33	45.02	17 566	134
28.82	25.86	7.45	49.83	5 793	16
27.11	22.05	5.98	32.39	7 086	29

企业主要经济指标

利润率（%）	全员劳动生产率（万元／人）	人均实现利润（万元／人）	人均固定资产原价（万元／人）	从业人员（人）	企业数（家）
2.01	**33.55**	**0.67**	**30.81**	**48 345**	**797**
3.89	123.67	4.81	23.14	8 600	504
−3.35	13.58	−0.46	29.40	31 006	234
−8.07	12.81	−1.03	27.69	28 165	228
24.85	21.24	5.28	46.40	2 841	6
3.84	15.72	0.60	43.37	8 739	59

2-23 四川省旅游

	固定资产原价（万元）	营业收入（万元）	利润（万元）	营业税金及附加（万元）
合计	**2 803 515.88**	**1 795 545.75**	**41 079.28**	**59 586.71**
（一）旅行社	252 292.66	741 313.02	17 485.06	5 383.68
（二）星级饭店	2 093 256.49	844 871.01	15 492.73	46 500.20
内资饭店	1 826 428.46	751 788.08	–1 592.30	41 063.91
外资饭店	266 828.03	93 082.93	17 085.03	5 436.28
（三）旅游景区	457 966.73	209 361.72	8 101.49	7 702.83

2-24 贵州省旅游

	固定资产原价（万元）	营业收入（万元）	利润（万元）	营业税金及附加（万元）
合计	**635 516.64**	**463 895.39**	**8 381.68**	**16 522.44**
（一）旅行社	98 262.80	187 588.88	7 811.95	744.12
（二）星级饭店	474 695.89	247 016.95	1 619.36	14 280.16
内资饭店	449 896.09	242 450.85	2 215.96	14 022.56
外资饭店	24 799.80	4 566.10	–596.60	257.60
（三）旅游景区	62 557.95	29 289.56	–1 049.63	1 498.16

企业主要经济指标

利润率 （%）	全员劳动生产率 （万元／人）	人均实现利润 （万元／人）	人均固定资产原价 （万元／人）	从业人员 （人）	企业数 （家）
2.29	**23.35**	**0.53**	**36.46**	**76 895**	**1 129**
2.36	86.32	2.04	29.38	8 588	586
1.83	14.04	0.26	34.78	60 180	461
−0.21	13.20	−0.03	32.07	56 944	452
18.35	28.76	5.28	82.46	3 236	9
3.87	25.76	1.00	56.35	8 127	82

企业主要经济指标

利润率 （%）	全员劳动生产率 （万元／人）	人均实现利润 （万元／人）	人均固定资产原价 （万元／人）	从业人员 （人）	企业数 （家）
1.81	**15.61**	**0.28**	**21.39**	**29 713**	**605**
4.16	40.22	1.68	21.07	4 664	273
0.66	10.93	0.07	21.00	22 602	305
0.91	10.92	0.10	20.26	22 204	302
−13.07	11.47	−1.50	62.31	398	3
−3.58	11.97	−0.43	25.56	2 447	27

2-25 云南省旅游

	固定资产原价（万元）	营业收入（万元）	利润（万元）	营业税金及附加（万元）
合计	**2 499 958.66**	**2 065 534.35**	**83 496.61**	**56 012.48**
（一）旅行社	24 264.46	1 134 313.28	39 625.66	3 700.37
（二）星级饭店	2 102 548.72	652 501.76	7 121.19	45 673.93
内资饭店	2 016 484.52	619 065.59	5 277.02	43 527.47
外资饭店	86 064.20	33 436.17	1 844.17	2 146.46
（三）旅游景区	373 145.48	278 719.31	36 749.76	6 638.18

2-26 西藏自治区旅游

	固定资产原价（万元）	营业收入（万元）	利润（万元）	营业税金及附加（万元）
合计	**240 484.39**	**109 494.90**	**7 145.29**	**9 090.09**
（一）旅行社	10 826.61	48 872.33	1 076.81	231.38
（二）星级饭店	229 657.78	60 622.57	6 068.48	8 858.71
内资饭店	222 240.29	54 937.57	4 464.58	8 533.91
外资饭店	7 417.49	5 685.00	1 603.90	324.80
（三）旅游景区	—	—	—	—

企业主要经济指标

利润率 (%)	全员劳动生产率 (万元/人)	人均实现利润 (万元/人)	人均固定资产原价 (万元/人)	从业人员 (人)	企业数 (家)
4.04	**21.74**	**0.88**	**26.31**	**95 005**	**1 258**
3.49	88.96	3.11	1.90	12 751	622
1.09	9.10	0.10	29.32	71 719	563
0.85	9.00	0.08	29.30	68 819	549
5.52	11.53	0.64	29.68	2 900	14
13.19	26.46	3.49	35.42	10 535	73

企业主要经济指标

利润率 (%)	全员劳动生产率 (万元/人)	人均实现利润 (万元/人)	人均固定资产原价 (万元/人)	从业人员 (人)	企业数 (家)
6.53	**25.42**	**1.66**	**55.84**	**4 307**	**211**
2.20	68.54	1.51	15.18	713	102
10.01	16.87	1.69	63.90	3 594	109
8.13	16.30	1.32	65.93	3 371	108
28.21	25.49	7.19	33.26	223	1
—	—	—	—	—	—

2-27 陕西省旅游

	固定资产原价（万元）	营业收入（万元）	利润（万元）	营业税金及附加（万元）
合计	**1 362 131.17**	**1 086 139.94**	**1 426.10**	**33 259.65**
（一）旅行社	55 018.57	472 842.39	15 584.69	1 342.37
（二）星级饭店	1 087 408.57	488 285.91	−23 587.28	25 608.26
内资饭店	846 134.20	424 190.19	−26 296.93	22 051.19
外资饭店	241 274.38	64 095.72	2 709.65	3 557.07
（三）旅游景区	219 704.03	125 011.64	9 428.69	6 309.02

2-28 甘肃省旅游

	固定资产原价（万元）	营业收入（万元）	利润（万元）	营业税金及附加（万元）
合计	**799 314.24**	**431 696.28**	**8 190.23**	**16 238.44**
（一）旅行社	10 007.30	113 664.57	5 749.50	676.82
（二）星级饭店	643 522.21	249 439.03	−2 932.77	13 889.13
内资饭店	604 360.08	240 607.07	−3 685.00	13 396.81
外资饭店	39 162.13	8 831.96	752.23	492.32
（三）旅游景区	145 784.73	68 592.68	5 373.50	1 672.49

企业主要经济指标

利润率（%）	全员劳动生产率（万元／人）	人均实现利润（万元／人）	人均固定资产原价（万元／人）	从业人员（人）	企业数（家）
0.13	**19.95**	**0.03**	**25.02**	**54 432**	**1 084**
3.30	62.12	2.05	7.23	7 612	679
–4.83	11.99	–0.58	26.71	40 717	333
–6.20	11.37	–0.70	22.67	37 317	323
4.23	18.85	0.80	70.96	3 400	10
7.54	20.48	1.54	36.00	6 103	72

企业主要经济指标

利润率（%）	全员劳动生产率（万元／人）	人均实现利润（万元／人）	人均固定资产原价（万元／人）	从业人员（人）	企业数（家）
1.90	**13.22**	**0.25**	**24.48**	**32 652**	**769**
5.06	40.25	2.04	3.54	2 824	431
–1.18	9.49	–0.11	24.49	26 274	304
–1.53	9.33	–0.14	23.43	25 799	302
8.52	18.59	1.58	82.45	475	2
7.83	19.30	1.51	41.02	3 554	33

2-29 青海省旅游

	固定资产原价（万元）	营业收入（万元）	利润（万元）	营业税金及附加（万元）
合计	**249 719.54**	**146 805.81**	**6 134.62**	**4 138.98**
（一）旅行社	78 820.25	60 557.11	4 822.77	299.37
（二）星级饭店	165 262.01	85 405.64	1 469.48	3 812.86
内资饭店	165 262.01	85 405.64	1 469.48	3 812.86
外资饭店	—	—	—	—
（三）旅游景区	5 637.28	843.06	–157.63	26.75

2-30 宁夏回族自治区旅游

	固定资产原价（万元）	营业收入（万元）	利润（万元）	营业税金及附加（万元）
合计	**506 180.35**	**247 171.77**	**3 478.31**	**7 546.75**
（一）旅行社	7 305.34	71 396.54	2 112.19	186.05
（二）星级饭店	321 712.43	106 309.04	–15 234.99	4 430.78
内资饭店	318 769.33	105 009.54	–14 749.99	4 356.48
外资饭店	2 943.10	1 299.50	–485.00	74.30
（三）旅游景区	177 162.58	69 466.19	16 601.11	2 929.92

企业主要经济指标

利润率 (%)	全员劳动生产率 (万元/人)	人均实现利润 (万元/人)	人均固定资产原价 (万元/人)	从业人员 (人)	企业数 (家)
4.18	**16.53**	**0.69**	**28.12**	**8 880**	**348**
7.96	36.57	2.91	47.60	1 656	217
1.72	12.07	0.21	23.36	7 076	125
1.72	12.07	0.21	23.36	7 076	125
—	—	—	—	—	—
−18.70	5.70	−1.07	38.09	148	6

企业主要经济指标

利润率 (%)	全员劳动生产率 (万元/人)	人均实现利润 (万元/人)	人均固定资产原价 (万元/人)	从业人员 (人)	企业数 (家)
1.41	**18.60**	**0.26**	**38.09**	**13 288**	**201**
2.96	58.14	1.72	5.95	1 228	95
−14.33	11.96	−1.71	36.20	8 888	84
−14.05	12.01	−1.69	36.45	8 746	83
−37.32	9.15	−3.42	20.73	142	1
23.90	21.90	5.23	55.85	3 172	22

2-31 新疆维吾尔自治区旅游

	固定资产原价（万元）	营业收入（万元）	利润（万元）	营业税金及附加（万元）
合计	**1 247 273.85**	**752 580.18**	**–11 330.77**	**52 299.87**
（一）旅行社	62 131.21	196 313.64	8 800.31	979.66
（二）星级饭店	1 027 161.59	450 149.51	–30 068.61	46 070.18
内资饭店	1 027 121.69	444 345.31	–30 497.01	45 748.48
外资饭店	39.90	5 804.20	428.40	321.70
（三）旅游景区	157 981.05	106 117.03	9 937.53	5 250.03

企业主要经济指标

利润率（%）	全员劳动生产率（万元／人）	人均实现利润（万元／人）	人均固定资产原价（万元／人）	从业人员（人）	企业数（家）
–1.51	**20.61**	**–0.31**	**34.16**	**36 510**	**856**
4.48	53.19	2.38	16.83	3 691	414
–6.68	14.91	–1.00	34.02	30 197	385
–6.86	14.92	–1.02	34.48	29 786	384
7.38	14.12	1.04	0.10	411	1
9.36	40.47	3.79	60.25	2 622	57

三、主要城市综合资料

3-1 主要城市旅游

	固定资产 原　　价 （万元）	营业收入 （万元）	利　　润 （万元）	营业税金 及 附 加 （万元）
合　　计	**15 416 279.26**	**19 821 103.62**	**790 807.00**	**417 153.03**
（一）旅行社	642 157.42	12 960 284.09	637 504.97	56 998.18
（二）星级饭店	12 101 697.86	5 535 223.71	−19 188.92	310 095.70
内资饭店	8 949 843.86	4 279 368.63	−82 405.45	241 271.40
外资饭店	3 151 854.00	1 255 855.08	63 216.53	68 824.30
（三）旅游景区	2 672 423.98	1 325 595.82	172 490.95	50 059.15

企业主要经济指标

利润率 （%）	全员劳动生产率 （万元/人）	人均实现利润 （万元/人）	人均固定资产原价 （万元/人）	从业人员 （人）	企业数 （家）
3.99	**40.66**	**1.62**	**31.62**	**487 494**	**7 999**
4.92	109.66	5.39	5.43	118 187	5 748
−0.35	17.16	−0.06	37.52	322 508	1 928
−1.93	16.05	−0.31	33.57	266 569	1 744
5.03	22.45	1.13	56.34	55 939	184
13.01	28.33	3.69	57.10	46 799	323

3-2 主要城市旅行社

	固定资产原价（万元）	营业收入（万元）	利润（万元）	营业税金及附加（万元）
总计	**642 157.42**	**12 960 284.09**	**637 504.97**	**56 998.18**
沈阳	13 001.05	499 740.40	25 269.16	1 915.49
大连	11 463.91	259 056.70	13 564.57	924.91
长春	2 507.32	42 196.33	2 239.60	258.52
哈尔滨	1 678.89	43 966.36	7 222.11	302.41
南京	33 133.11	806 328.00	30 282.68	2 928.75
无锡	30 081.95	470 388.30	18 493.54	2 707.12
苏州	28 676.86	250 904.90	12 878.14	2 157.68
杭州	60 233.24	1 402 112.00	70 625.77	6 228.90
宁波	19 973.18	311 187.80	20 589.59	1 498.48
黄山	15 453.30	120 957.70	6 998.68	624.30
福州	40 619.32	598 701.60	26 421.88	2 552.23
厦门	11 742.60	396 277.40	19 891.99	1 779.52
青岛	55 565.73	494 507.70	41 648.84	2 682.75
武汉	99 786.44	721 551.30	37 230.18	2 935.01
广州	71 396.95	2 291 553.00	104 610.00	11 460.78
深圳	20 629.45	1 616 855.00	98 654.67	5 760.81
珠海	5 280.07	367 763.80	17 015.60	805.98
中山	5 178.66	107 811.00	7 953.81	546.62
桂林	7 995.62	199 804.00	10 788.79	830.76
海口	11 471.14	290 730.10	13 091.10	1 063.45
成都	76 133.36	474 682.60	11 196.01	3 669.91
昆明	9 010.15	818 064.10	27 168.92	2 277.26
西安	11 145.12	375 144.00	13 669.34	1 086.54

主要经济指标

利润率 （%）	全员劳动生产率 （万元/人）	人均实现利润 （万元/人）	人均固定资产原价 （万元/人）	从业人员 （人）	企业数 （家）
4.92	**109.66**	**5.39**	**5.43**	**118 187**	**5 748**
5.06	169.46	8.57	4.41	2 949	132
5.24	92.69	4.85	4.10	2 795	386
5.31	27.83	1.48	1.65	1 516	171
16.43	27.81	4.57	1.06	1 581	267
3.76	118.14	4.44	4.85	6 825	493
3.93	185.92	7.31	11.89	2 530	148
5.13	54.34	2.79	6.21	4 617	225
5.04	111.23	5.60	4.78	12 606	605
6.62	84.13	5.57	5.40	3 699	261
5.79	55.82	3.23	7.13	2 167	142
4.41	157.22	6.94	10.67	3 808	117
5.02	82.25	4.13	2.44	4 818	170
8.42	116.85	9.84	13.13	4 232	372
5.16	76.10	3.93	10.52	9 482	297
4.57	191.44	8.74	5.96	11 970	315
6.10	125.13	7.64	1.60	12 921	442
4.63	116.42	5.39	1.67	3 159	113
7.38	78.58	5.80	3.77	1 372	45
5.40	66.03	3.57	2.64	3 026	137
4.50	67.27	3.03	2.65	4 322	202
2.36	79.11	1.87	12.69	6 000	116
3.32	117.55	3.90	1.29	6 959	243
3.64	77.62	2.83	2.31	4 833	349

3-3 主要城市星级饭店

	固定资产原价（万元）	营业收入（万元）	利润（万元）	营业税金及附加（万元）
总计	**12 101 697.86**	**5 535 223.71**	**-19 188.92**	**310 095.70**
沈阳	395 731.94	162 904.77	-10 652.19	8 117.71
大连	744 472.66	258 922.55	-19 171.70	14 192.62
长春	474 675.11	160 188.03	-12 083.34	9 721.40
哈尔滨	308 597.58	113 479.94	-769.88	7 240.47
南京	606 224.58	322 249.13	5 520.33	16 803.43
无锡	360 883.59	214 579.61	-12 550.56	11 937.31
苏州	812 048.26	371 985.04	-16 855.14	20 878.29
杭州	1 131 730.02	451 688.83	-1 199.31	24 360.73
宁波	668 623.87	293 484.79	-25 644.63	14 962.88
黄山	205 246.16	62 129.79	-9 938.23	3 314.16
福州	274 049.63	222 160.66	11 893.93	12 858.12
厦门	396 314.43	264 365.34	7 527.07	16 366.45
青岛	638 745.41	269 786.08	-14 378.05	13 717.09
武汉	568 313.52	209 460.67	-208.43	11 840.33
广州	1 382 346.01	803 973.39	37 139.21	45 497.35
深圳	402 691.86	282 145.04	18 997.77	16 407.83
珠海	285 475.59	134 738.21	107.26	7 204.26
中山	40 404.36	34 164.15	-1 786.62	2 081.57
桂林	209 629.74	60 185.40	-6 208.20	3 509.98
海口	175 331.93	54 082.29	-63.69	3 021.55
成都	841 100.21	363 061.51	23 475.51	20 261.18
昆明	612 616.71	226 318.92	13 294.38	15 024.58
西安	566 444.69	199 169.57	-5 634.41	10 776.41

主要经济指标

利润率 （%）	全员劳动生产率 （万元/人）	人均实现利润 （万元/人）	人均固定资产原价 （万元/人）	从业人员 （人）	企业数 （家）
–0.35	**17.16**	**–0.06**	**37.52**	**322 508**	**1 928**
–6.54	14.19	–0.93	34.47	11 479	69
–7.40	17.90	–1.33	51.46	14 466	115
–7.54	16.60	–1.25	49.19	9 650	55
–0.68	16.91	–0.11	45.99	6 710	66
1.71	19.62	0.34	36.91	16 426	99
–5.85	18.65	–1.09	31.36	11 507	56
–4.53	19.31	–0.87	42.14	19 268	120
–0.27	16.91	–0.04	42.36	26 715	157
–8.74	18.16	–1.59	41.37	16 164	127
–16.00	11.25	–1.80	37.18	5 521	50
5.35	17.81	0.95	21.96	12 477	56
2.85	19.35	0.55	29.00	13 664	66
–5.33	17.71	–0.94	41.93	15 233	113
–0.10	18.51	–0.02	50.22	11 316	81
4.62	21.11	0.98	36.30	38 086	193
6.73	17.52	1.18	25.01	16 103	100
0.08	15.27	0.01	32.36	8 823	79
–5.23	11.75	–0.61	13.89	2 908	15
–10.32	10.04	–1.04	34.98	5 993	50
–0.12	16.64	–0.02	53.93	3 251	27
6.47	17.61	1.14	40.80	20 616	105
5.87	10.24	0.60	27.72	22 098	60
–2.83	14.19	–0.40	40.36	14 034	69

3-4 主要城市内资星级饭店

	固定资产原价（万元）	营业收入（万元）	利润（万元）	营业税金及附加（万元）
总计	**8 949 843.86**	**4 279 368.63**	**–82 405.45**	**241 271.40**
沈阳	219 317.43	120 459.01	–6 719.97	5 706.87
大连	340 471.40	138 283.95	–17 888.40	7 680.62
长春	392 620.41	137 100.03	–13 735.54	8 546.40
哈尔滨	252 012.88	89 353.54	–6 067.28	5 939.67
南京	550 580.35	281 209.27	2 370.89	14 575.60
无锡	315 109.87	198 569.46	–10 838.97	11 090.00
苏州	747 684.83	334 354.17	–15 206.83	18 827.93
杭州	997 776.55	401 301.94	–7 734.43	21 580.30
宁波	551 622.99	251 317.51	–24 946.41	13 722.24
黄山	198 326.66	61 603.79	–9 488.83	3 288.06
福州	151 491.69	128 106.76	–234.28	7 261.20
厦门	234 196.30	171 501.85	5 137.31	10 432.51
青岛	391 690.65	198 586.54	–7 933.82	10 334.84
武汉	452 227.56	139 055.61	–5 727.51	8 018.54
广州	823 854.80	553 318.62	18 287.93	31 499.49
深圳	361 368.16	243 756.33	15 783.82	14 277.15
珠海	180 282.79	101 660.91	477.66	5 617.07
中山	21 409.07	24 503.75	–149.53	1 499.87
桂林	183 681.44	53 032.20	–5 366.90	3 116.08
海口	105 380.22	40 482.82	–1 872.70	2 222.11
成都	582 254.78	272 910.28	7 046.58	15 168.49
昆明	566 338.72	202 474.85	10 865.22	13 579.42
西安	330 144.31	136 425.44	–8 463.46	7 286.94

主要经济指标

利润率 （%）	全员劳动 生产率 （万元/人）	人均实现 利润 （万元/人）	人均固定资产 原价 （万元/人）	从业人员 （人）	企业数 （家）
−1.93	**16.05**	**−0.31**	**33.57**	**266 569**	**1 744**
−5.58	14.41	−0.80	26.23	8 362	59
−12.94	14.89	−1.93	36.65	9 289	97
−10.02	15.70	−1.57	44.95	8 734	53
−6.79	14.44	−0.98	40.71	6 190	64
0.84	19.14	0.16	37.47	14 694	93
−5.46	18.79	−1.03	29.82	10 566	54
−4.55	19.26	−0.88	43.08	17 357	112
−1.93	16.03	−0.31	39.86	25 029	152
−9.93	17.09	−1.70	37.50	14 709	120
−15.40	11.42	−1.76	36.77	5 394	48
−0.18	16.00	−0.03	18.92	8 009	43
3.00	19.32	0.58	26.39	8 876	52
−4.00	16.49	−0.66	32.52	12 045	102
−4.12	16.68	−0.69	54.26	8 335	73
3.31	18.71	0.62	27.86	29 571	168
6.48	17.44	1.13	25.86	13 975	89
0.47	15.74	0.07	27.91	6 460	71
−0.61	11.07	−0.07	9.67	2 213	12
−10.12	10.62	−1.08	36.80	4 992	46
−4.63	15.92	−0.74	41.44	2 543	23
2.58	15.19	0.39	32.41	17 964	98
5.37	9.90	0.53	27.68	20 457	55
−6.20	12.63	−0.78	30.55	10 805	60

3-5 主要城市外资星级饭店

	固定资产原价（万元）	营业收入（万元）	利润（万元）	营业税金及附加（万元）
总计	**3 151 854.00**	**1 255 855.08**	**63 216.53**	**68 824.30**
沈阳	176 414.51	42 445.76	−3 932.22	2 410.84
大连	404 001.25	120 638.60	−1 283.30	6 512.00
长春	82 054.70	23 088.00	1 652.20	1 175.00
哈尔滨	56 584.70	24 126.40	5 297.40	1 300.80
南京	55 644.23	41 039.86	3 149.44	2 227.83
无锡	45 773.72	16 010.15	−1 711.59	847.31
苏州	64 363.43	37 630.87	−1 648.31	2 050.36
杭州	133 953.47	50 386.89	6 535.12	2 780.43
宁波	117 000.88	42 167.28	−698.22	1 240.65
黄山	6 919.50	526.00	−449.40	26.10
福州	122 557.94	94 053.90	12 128.21	5 596.91
厦门	162 118.13	92 863.49	2 389.77	5 933.94
青岛	247 054.76	71 199.54	−6 444.24	3 382.25
武汉	116 085.96	70 405.06	5 519.08	3 821.79
广州	558 491.20	250 654.78	18 851.28	13 997.86
深圳	41 323.70	38 388.71	3 213.95	2 130.68
珠海	105 192.80	33 077.30	−370.40	1 587.20
中山	18 995.30	9 660.40	−1 637.10	581.70
桂林	25 948.30	7 153.20	−841.30	393.90
海口	69 951.71	13 599.47	1 809.01	799.44
成都	258 845.43	90 151.23	16 428.93	5 092.68
昆明	46 278.00	23 844.07	2 429.17	1 445.16
西安	236 300.38	62 744.12	2 829.05	3 489.47

主要经济指标

利润率（%）	全员劳动生产率（万元/人）	人均实现利润（万元/人）	人均固定资产原价（万元/人）	从业人员（人）	企业数（家）
5.03	**22.45**	**1.13**	**56.34**	**55 939**	**184**
−9.26	13.62	−1.26	56.60	3 117	10
−1.06	23.30	−0.25	78.04	5 177	18
7.16	25.21	1.80	89.58	916	2
21.96	46.40	10.19	108.82	520	2
7.67	23.70	1.82	32.13	1 732	6
−10.69	17.01	−1.82	48.64	941	2
−4.38	19.69	−0.86	33.68	1 911	8
12.97	29.89	3.88	79.45	1 686	5
−1.66	28.98	−0.48	80.41	1 455	7
−85.44	4.14	−3.54	54.48	127	2
12.89	21.05	2.71	27.43	4 468	13
2.57	19.40	0.50	33.86	4 788	14
−9.05	22.33	−2.02	77.50	3 188	11
7.84	23.62	1.85	38.94	2 981	8
7.52	29.44	2.21	65.59	8 515	25
8.37	18.04	1.51	19.42	2 128	11
−1.12	14.00	−0.16	44.52	2 363	8
−16.95	13.90	−2.36	27.33	695	3
−11.76	7.15	−0.84	25.92	1 001	4
13.30	19.21	2.56	98.80	708	4
18.22	33.99	6.19	97.60	2 652	7
10.19	14.53	1.48	28.20	1 641	5
4.51	19.43	0.88	73.18	3 229	9

3-6 主要城市旅游景区

	固定资产原价（万元）	营业收入（万元）	利润（万元）	营业税金及附加（万元）
总计	**2 672 423.98**	**1 325 595.82**	**172 490.95**	**50 059.15**
沈阳	—	—	—	—
大连	82 939.63	35 628.40	1 878.29	1 101.30
长春	5 136.38	3 481.03	–214.87	115.30
哈尔滨	30 716.65	18 538.09	–4 105.25	566.04
南京	102 725.57	76 781.44	7 731.52	1 045.55
无锡	341 619.92	95 374.47	9 491.76	2 698.50
苏州	368 233.73	89 708.89	–25 144.75	3 367.29
杭州	251 279.65	94 197.87	24 538.45	3 676.79
宁波	102 609.27	53 769.83	–2 440.98	2 115.16
黄山	75 653.80	27 824.48	3 478.43	974.70
福州	15 353.38	19 323.20	1 033.34	355.31
厦门	50 277.14	28 246.31	10 635.99	1 171.94
青岛	194 821.66	79 388.63	–4 864.45	5 590.29
武汉	184 701.86	52 433.64	6 594.45	1 893.11
广州	289 075.70	265 205.30	90 923.13	10 728.86
深圳	373 594.57	128 388.36	26 947.19	6 448.13
珠海	—	—	—	—
中山	11 469.22	750.55	–232.49	24.79
桂林	54 430.66	25 317.66	–1 924.68	1 283.26
海口	4 401.60	1 864.31	203.81	82.43
成都	60 041.87	27 202.45	–6 460.87	962.71
昆明	14 765.54	138 988.37	23 207.40	1 969.33
西安	58 576.18	63 182.54	11 215.53	3 888.36

主要经济指标

利润率 （%）	全员劳动生产率 （万元/人）	人均实现利润 （万元/人）	人均固定资产原价 （万元/人）	从业人员 （人）	企业数 （家）
13.01	**28.33**	**3.69**	**57.10**	**46 799**	**323**
—	—	—	—	—	—
5.27	21.97	1.16	51.13	1 622	10
−6.17	7.33	−0.45	10.81	475	2
−22.14	19.03	−4.21	31.54	974	6
10.07	31.16	3.14	41.69	2 464	23
9.95	29.14	2.90	104.37	3 273	29
−28.03	21.70	−6.08	89.05	4 135	39
26.05	26.53	6.91	70.76	3 551	38
−4.54	18.48	−0.84	35.26	2 910	27
12.50	23.62	2.95	64.22	1 178	17
5.35	32.92	1.76	26.16	587	6
37.65	28.39	10.69	50.53	995	11
−6.13	32.04	−1.96	78.62	2 478	26
12.58	26.48	3.33	93.28	1 980	9
34.28	34.76	11.92	37.89	7 629	23
20.99	25.23	5.30	73.41	5 089	12
—	—	—	—	—	—
−30.97	19.75	−6.12	301.82	38	1
−7.60	9.70	−0.74	20.85	2 611	18
10.93	8.79	0.96	20.76	212	1
−23.75	21.76	−5.17	48.03	1 250	7
16.70	83.93	14.01	8.92	1 656	2
17.75	37.34	6.63	34.62	1 692	16

四、分城市旅游企业资料

4-1 沈阳市旅游

	固定资产原价（万元）	营业收入（万元）	利润（万元）	营业税金及附加（万元）
合计	**408 732.99**	**662 645.17**	**14 616.97**	**10 033.20**
（一）旅行社	13 001.05	499 740.40	25 269.16	1 915.49
（二）星级饭店	395 731.94	162 904.77	–10 652.19	8 117.71
内资饭店	219 317.43	120 459.01	–6 719.97	5 706.87
外资饭店	176 414.51	42 445.76	–3 932.22	2 410.84
（三）旅游景区	—	—	—	—

4-2 大连市旅游

	固定资产原价（万元）	营业收入（万元）	利润（万元）	营业税金及附加（万元）
合计	**838 876.20**	**553 607.65**	**–3 728.84**	**16 218.83**
（一）旅行社	11 463.91	259 056.70	13 564.57	924.91
（二）星级饭店	744 472.66	258 922.55	–19 171.70	14 192.62
内资饭店	340 471.40	138 283.95	–17 888.40	7 680.62
外资饭店	404 001.25	120 638.60	–1 283.30	6 512.00
（三）旅游景区	82 939.63	35 628.40	1 878.29	1 101.30

企业主要经济指标

利润率（%）	全员劳动生产率（万元/人）	人均实现利润（万元/人）	人均固定资产原价（万元/人）	从业人员（人）	企业数（家）
2.21	**45.93**	**1.01**	**28.33**	**14 428**	**201**
5.06	169.46	8.57	4.41	2 949	132
–6.54	14.19	0.93	34.47	11 479	69
–5.58	14.41	0.80	26.23	8 362	59
–9.26	13.62	1.26	56.60	3 117	10
—	—	—	—	—	—

企业主要经济指标

利润率（%）	全员劳动生产率（万元/人）	人均实现利润（万元/人）	人均固定资产原价（万元/人）	从业人员（人）	企业数（家）
–0.67	**29.32**	**–0.20**	**44.42**	**18 883**	**511**
5.24	92.69	4.85	4.10	2 795	386
–7.40	17.90	–1.33	51.46	14 466	115
–12.94	14.89	–1.93	36.65	9 289	97
–1.06	23.30	–0.25	78.04	5 177	18
5.27	21.97	1.16	51.13	1 622	10

4–3 长春市旅游

	固定资产原价（万元）	营业收入（万元）	利润（万元）	营业税金及附加（万元）
合计	**482 318.81**	**205 865.39**	**–10 058.61**	**10 095.22**
（一）旅行社	2 507.32	42 196.33	2 239.60	258.52
（二）星级饭店	474 675.11	160 188.03	–12 083.34	9 721.40
内资饭店	392 620.41	137 100.03	–13 735.54	8 546.40
外资饭店	82 054.70	23 088.00	1 652.20	1 175.00
（三）旅游景区	5 136.38	3 481.03	–214.87	115.30

4–4 哈尔滨市旅游

	固定资产原价（万元）	营业收入（万元）	利润（万元）	营业税金及附加（万元）
合计	**340 993.12**	**175 984.39**	**2 346.98**	**8 108.92**
（一）旅行社	1 678.89	43 966.36	7 222.11	302.41
（二）星级饭店	308 597.58	113 479.94	–769.88	7 240.47
内资饭店	252 012.88	89 353.54	–6 067.28	5 939.67
外资饭店	56 584.70	24 126.40	5 297.40	1 300.80
（三）旅游景区	30 716.65	18 538.09	–4 105.25	566.04

企业主要经济指标

利润率 （%）	全员劳动生产率 （万元/人）	人均实现利润 （万元/人）	人均固定资产原价 （万元/人）	从业人员 （人）	企业数 （家）
-4.89	**17.68**	**-0.86**	**41.43**	**11 641**	**228**
5.31	27.83	1.48	1.65	1 516	171
-7.54	16.60	-1.25	49.19	9 650	55
-10.02	15.70	-1.57	44.95	8 734	53
7.16	25.21	1.80	89.58	916	2
-6.17	7.33	-0.45	10.81	475	2

企业主要经济指标

利润率 （%）	全员劳动生产率 （万元/人）	人均实现利润 （万元/人）	人均固定资产原价 （万元/人）	从业人员 （人）	企业数 （家）
1.33	**18.99**	**0.25**	**36.80**	**9 265**	**339**
16.43	27.81	4.57	1.06	1 581	267
-0.68	16.91	-0.11	45.99	6 710	66
-6.79	14.44	-0.98	40.71	6 190	64
21.96	46.40	10.19	108.82	520	2
-22.14	19.03	-4.21	31.54	974	6

4-5 南京市旅游

	固定资产原价（万元）	营业收入（万元）	利润（万元）	营业税金及附加（万元）
合计	**742 083.26**	**1 205 358.57**	**43 534.53**	**20 777.73**
（一）旅行社	33 133.11	806 328.00	30 282.68	2 928.75
（二）星级饭店	606 224.58	322 249.13	5 520.33	16 803.43
内资饭店	550 580.35	281 209.27	2 370.89	14 575.60
外资饭店	55 644.23	41 039.86	3 149.44	2 227.83
（三）旅游景区	102 725.57	76 781.44	7 731.52	1 045.55

4-6 无锡市旅游

	固定资产原价（万元）	营业收入（万元）	利润（万元）	营业税金及附加（万元）
合计	**732 585.46**	**780 342.38**	**15 434.74**	**17 342.93**
（一）旅行社	30 081.95	470 388.30	18 493.54	2 707.12
（二）星级饭店	360 883.59	214 579.61	−12 550.56	11 937.31
内资饭店	315 109.87	198 569.46	−10 838.97	11 090.00
外资饭店	45 773.72	16 010.15	−1 711.59	847.31
（三）旅游景区	341 619.92	95 374.47	9 491.76	2 698.50

企业主要经济指标

利润率 （%）	全员劳动生产率 （万元/人）	人均实现利润 （万元/人）	人均固定资产原价 （万元/人）	从业人员 （人）	企业数 （家）
3.61	**46.87**	**1.69**	**28.86**	**25 715**	**615**
3.76	118.14	4.44	4.85	6 825	493
1.71	19.62	0.34	36.91	16 426	99
0.84	19.14	0.16	37.47	14 694	93
7.67	23.70	1.82	32.13	1 732	6
10.07	31.16	3.14	41.69	2 464	23

企业主要经济指标

利润率 （%）	全员劳动生产率 （万元/人）	人均实现利润 （万元/人）	人均固定资产原价 （万元/人）	从业人员 （人）	企业数 （家）
1.98	**45.08**	**0.89**	**42.32**	**17 310**	**233**
3.93	185.92	7.31	11.89	2 530	148
–5.85	18.65	–1.09	31.36	11 507	56
–5.46	18.79	–1.03	29.82	10 566	54
–10.69	17.01	–1.82	48.64	941	2
9.95	29.14	2.90	104.37	3 273	29

4–7　苏州市旅游

	固定资产原　价（万元）	营业收入（万元）	利　润（万元）	营业税金及附加（万元）
合　计	**1 208 958.85**	**712 598.83**	**–29 121.75**	**26 403.26**
（一）旅行社	28 676.86	250 904.90	12 878.14	2 157.68
（二）星级饭店	812 048.26	371 985.04	–16 855.14	20 878.29
内资饭店	747 684.83	334 354.17	–15 206.83	18 827.93
外资饭店	64 363.43	37 630.87	–1 648.31	2 050.36
（三）旅游景区	368 233.73	89 708.89	–25 144.75	3 367.29

4–8　杭州市旅游

	固定资产原　价（万元）	营业收入（万元）	利　润（万元）	营业税金及附加（万元）
合　计	**1 443 242.91**	**1 947 998.70**	**93 964.91**	**34 266.42**
（一）旅行社	60 233.24	1 402 112.00	70 625.77	6 228.90
（二）星级饭店	1 131 730.02	451 688.83	–1 199.31	24 360.73
内资饭店	997 776.55	401 301.94	–7 734.43	21 580.30
外资饭店	133 953.47	50 386.89	6 535.12	2 780.43
（三）旅游景区	251 279.65	94 197.87	24 538.45	3 676.79

企业主要经济指标

利润率 （%）	全员劳动 生产率 （万元/人）	人均实现 利润 （万元/人）	人均固定资产 原价 （万元/人）	从业人员 （人）	企业数 （家）
-4.09	**25.43**	**-1.04**	**43.15**	**28 020**	**384**
5.13	54.34	2.79	6.21	4 617	225
-4.53	19.31	-0.87	42.14	19 268	120
-4.55	19.26	-0.88	43.08	17 357	112
-4.38	19.69	-0.86	33.68	1 911	8
-28.03	21.70	-6.08	89.05	4 135	39

企业主要经济指标

利润率 （%）	全员劳动 生产率 （万元/人）	人均实现 利润 （万元/人）	人均固定资产 原价 （万元/人）	从业人员 （人）	企业数 （家）
4.82	**45.44**	**2.19**	**33.66**	**42 872**	**800**
5.04	111.23	5.60	4.78	12 606	605
-0.27	16.91	-0.04	42.36	26 715	157
-1.93	16.03	-0.31	39.86	25 029	152
12.97	29.89	3.88	79.45	1 686	5
26.05	26.53	6.91	70.76	3 551	38

4-9 宁波市旅游

	固定资产原价（万元）	营业收入（万元）	利润（万元）	营业税金及附加（万元）
合计	**791 206.32**	**658 442.42**	**–7 496.02**	**18 576.52**
（一）旅行社	19 973.18	311 187.80	20 589.59	1 498.48
（二）星级饭店	668 623.87	293 484.79	–25 644.63	14 962.88
内资饭店	551 622.99	251 317.51	–24 946.41	13 722.24
外资饭店	117 000.88	42 167.28	–698.22	1 240.65
（三）旅游景区	102 609.27	53 769.83	–2 440.98	2 115.16

4-10 黄山市旅游

	固定资产原价（万元）	营业收入（万元）	利润（万元）	营业税金及附加（万元）
合计	**296 353.26**	**210 911.97**	**538.88**	**4 913.16**
（一）旅行社	15 453.30	120 957.70	6 998.68	624.30
（二）星级饭店	205 246.16	62 129.79	–9 938.23	3 314.16
内资饭店	198 326.66	61 603.79	–9 488.83	3 288.06
外资饭店	6 919.50	526.00	–449.40	26.10
（三）旅游景区	75 653.80	27 824.48	3 478.43	974.70

企业主要经济指标

利润率 （%）	全员劳动生产率 （万元/人）	人均实现利润 （万元/人）	人均固定资产原价 （万元/人）	从业人员 （人）	企业数 （家）
–1.14	**28.91**	**–0.33**	**34.74**	**22 773**	**415**
6.62	84.13	5.57	5.40	3 699	261
–8.74	18.16	–1.59	41.37	16 164	127
–9.93	17.09	–1.70	37.50	14 709	120
1.66	28.98	–0.48	80.41	1 455	7
–4.54	18.48	–0.84	35.26	2 910	27

企业主要经济指标

利润率 （%）	全员劳动生产率 （万元/人）	人均实现利润 （万元/人）	人均固定资产原价 （万元/人）	从业人员 （人）	企业数 （家）
0.26	**23.79**	**0.06**	**33.43**	**8 866**	**209**
5.79	55.82	3.23	7.13	2 167	142
–16.00	11.25	–1.80	37.18	5 521	50
–15.40	11.42	–1.76	36.77	5 394	48
–85.44	4.14	–3.54	54.48	127	2
12.50	23.62	2.95	64.22	1 178	17

4-11 福州市旅游

	固定资产原价（万元）	营业收入（万元）	利润（万元）	营业税金及附加（万元）
合计	**330 022.33**	**840 185.46**	**39 349.15**	**15 765.66**
（一）旅行社	40 619.32	598 701.60	26 421.88	2 552.23
（二）星级饭店	274 049.63	222 160.66	11 893.93	12 858.12
内资饭店	151 491.69	128 106.76	–234.28	7 261.20
外资饭店	122 557.94	94 053.90	12 128.21	5 596.91
（三）旅游景区	15 353.38	19 323.20	1 033.34	355.31

4-12 厦门市旅游

	固定资产原价（万元）	营业收入（万元）	利润（万元）	营业税金及附加（万元）
合计	**458 334.17**	**688 889.05**	**38 055.05**	**19 317.91**
（一）旅行社	11 742.60	396 277.40	19 891.99	1 779.52
（二）星级饭店	396 314.43	264 365.34	7 527.07	16 366.45
内资饭店	234 196.30	171 501.85	5 137.31	10 432.51
外资饭店	162 118.13	92 863.49	2 389.77	5 933.94
（三）旅游景区	50 277.14	28 246.31	10 635.99	1 171.94

企业主要经济指标

利润率 (%)	全员劳动生产率 (万元/人)	人均实现利润 (万元/人)	人均固定资产原价 (万元/人)	从业人员 (人)	企业数 (家)
4.68	**49.80**	**2.33**	**19.56**	**16 872**	**179**
4.41	157.22	6.94	10.67	3 808	117
5.35	17.81	0.95	21.96	12 477	56
–0.18	16.00	–0.03	18.92	8 009	43
12.89	21.05	2.71	27.43	4 468	13
5.35	32.92	1.76	26.16	587	6

企业主要经济指标

利润率 (%)	全员劳动生产率 (万元/人)	人均实现利润 (万元/人)	人均固定资产原价 (万元/人)	从业人员 (人)	企业数 (家)
5.52	**35.37**	**1.95**	**23.53**	**19 477**	**247**
5.02	82.25	4.13	2.44	4 818	170
2.85	19.35	0.55	29.00	13 664	66
3.00	19.32	0.58	26.39	8 876	52
2.57	19.40	0.50	33.86	4 788	14
37.65	28.39	10.69	50.53	995	11

4-13 青岛市旅游

	固定资产原价（万元）	营业收入（万元）	利润（万元）	营业税金及附加（万元）
合计	**889 132.80**	**843 682.41**	**22 406.34**	**21 990.13**
（一）旅行社	55 565.73	494 507.70	41 648.84	2 682.75
（二）星级饭店	638 745.41	269 786.08	–14 378.05	13 717.09
内资饭店	391 690.65	198 586.54	–7 933.82	10 334.84
外资饭店	247 054.76	71 199.54	–6 444.24	3 382.25
（三）旅游景区	194 821.66	79 388.63	–4 864.45	5 590.29

4-14 武汉市旅游

	固定资产原价（万元）	营业收入（万元）	利润（万元）	营业税金及附加（万元）
合计	**852 801.82**	**983 445.61**	**43 616.20**	**16 668.45**
（一）旅行社	99 786.44	721 551.30	37 230.18	2 935.01
（二）星级饭店	568 313.52	209 460.67	–208.43	11 840.33
内资饭店	452 227.56	139 055.61	–5 727.51	8 018.54
外资饭店	116 085.96	70 405.06	5 519.08	3 821.79
（三）旅游景区	184 701.86	52 433.64	6 594.45	1 893.11

企业主要经济指标

利润率 （%）	全员劳动生产率 （万元/人）	人均实现利润 （万元/人）	人均固定资产原价 （万元/人）	从业人员 （人）	企业数 （家）
2.66	**38.45**	**1.02**	**40.52**	**21 943**	**511**
8.42	116.85	9.84	13.13	4 232	372
–5.33	17.71	–0.94	41.93	15 233	113
–4.00	16.49	–0.66	33	12 045	102
–9.05	22.33	–2.02	77.50	3 188	11
–6.13	32.04	–1.96	78.62	2 478	26

企业主要经济指标

利润率 （%）	全员劳动生产率 （万元/人）	人均实现利润 （万元/人）	人均固定资产原价 （万元/人）	从业人员 （人）	企业数 （家）
4.44	**43.18**	**1.91**	**37.44**	**22 778**	**387**
5.16	76.10	3.93	10.52	9 482	297
–0.10	18.51	–0.02	50.22	11 316	81
–4.12	16.68	–0.69	54.26	8 335	73
7.84	23.62	1.85	38.94	2 981	8
12.58	26.48	3.33	93.28	1 980	9

4-15 广州市旅游

	固定资产原价（万元）	营业收入（万元）	利润（万元）	营业税金及附加（万元）
合计	**1 742 818.66**	**3 360 731.69**	**232 672.34**	**67 686.99**
（一）旅行社	71 396.95	2 291 553.00	104 610.00	11 460.78
（二）星级饭店	1 382 346.01	803 973.39	37 139.21	45 497.35
内资饭店	823 854.80	553 318.62	18 287.93	31 499.49
外资饭店	558 491.20	250 654.78	18 851.28	13 997.86
（三）旅游景区	289 075.70	265 205.30	90 923.13	10 728.86

4-16 深圳市旅游

	固定资产原价（万元）	营业收入（万元）	利润（万元）	营业税金及附加（万元）
合计	**796 915.88**	**2 027 388.40**	**144 599.63**	**28 616.77**
（一）旅行社	20 629.45	1 616 855.00	98 654.67	5 760.81
（二）星级饭店	402 691.86	282 145.04	18 997.77	16 407.83
内资饭店	361 368.16	243 756.33	15 783.82	14 277.15
外资饭店	41 323.70	38 388.71	3 213.95	2 130.68
（三）旅游景区	373 594.57	128 388.36	26 947.19	6 448.13

企业主要经济指标

利润率 （%）	全员劳动生产率 （万元/人）	人均实现利润 （万元/人）	人均固定资产原价 （万元/人）	从业人员 （人）	企业数 （家）
6.92	**58.26**	**4.03**	**30.21**	**57 685**	**531**
4.57	191.44	8.74	5.96	11 970	315
4.62	21.11	0.98	36.30	38 086	193
3.31	18.71	0.62	27.86	29 571	168
7.52	29.44	2.21	65.59	8 515	25
34.28	34.76	11.92	37.89	7 629	23

企业主要经济指标

利润率 （%）	全员劳动生产率 （万元/人）	人均实现利润 （万元/人）	人均固定资产原价 （万元/人）	从业人员 （人）	企业数 （家）
7.13	**59.43**	**4.24**	**23.36**	**34 113**	**554**
6.10	125.13	7.64	1.60	12 921	442
6.73	17.52	1.18	25.01	16 103	100
6.48	17.44	1.13	25.86	13 975	89
8.37	18.04	1.51	19.42	2 128	11
20.99	25.23	5.30	73.41	5 089	12

4-17 珠海市旅游

	固定资产原价（万元）	营业收入（万元）	利润（万元）	营业税金及附加（万元）
合计	**290 755.66**	**502 502.01**	**17 122.86**	**8 010.24**
（一）旅行社	5 280.07	367 763.80	17 015.60	805.98
（二）星级饭店	285 475.59	134 738.21	107.26	7 204.26
内资饭店	180 282.79	101 660.91	477.66	5 617.07
外资饭店	105 192.80	33 077.30	–370.40	1 587.20
（三）旅游景区	—	—	—	—

4-18 中山市旅游

	固定资产原价（万元）	营业收入（万元）	利润（万元）	营业税金及附加（万元）
合计	**57 052.24**	**142 725.70**	**5 934.70**	**2 652.98**
（一）旅行社	5 178.66	107 811.00	7 953.81	546.62
（二）星级饭店	40 404.36	34 164.15	–1 786.62	2 081.57
内资饭店	21 409.07	24 503.75	–149.53	1 499.87
外资饭店	18 995.30	9 660.40	–1 637.10	581.70
（三）旅游景区	11 469.22	750.55	–232.49	24.79

企业主要经济指标

利润率 （%）	全员劳动生产率 （万元/人）	人均实现利润 （万元/人）	人均固定资产原价 （万元/人）	从业人员 （人）	企业数 （家）
3.41	**41.94**	**1.43**	**24.27**	**11 982**	192
4.63	116.42	5.39	1.67	3 159	113
0.08	15.27	0.01	32.36	8 823	79
0.47	15.74	0.07	27.91	6 460	71
−1.12	14.00	−0.16	44.52	2 363	8
—	—	—	—	—	—

企业主要经济指标

利润率 （%）	全员劳动生产率 （万元/人）	人均实现利润 （万元/人）	人均固定资产原价 （万元/人）	从业人员 （人）	企业数 （家）
4.16	**33.05**	**1.37**	**13.21**	**4 318**	**61**
7.38	78.58	5.80	3.77	1 372	45
−5.23	11.75	−0.61	13.89	2 908	15
−0.61	11.07	−0.07	9.67	2 213	12
−16.95	13.90	−2.36	27.33	695	3
−30.97	19.75	−6.12	301.82	38	1

4-19 桂林市旅游

	固定资产原价（万元）	营业收入（万元）	利润（万元）	营业税金及附加（万元）
合计	**272 056.02**	**285 307.06**	**2 655.91**	**5 624.00**
（一）旅行社	7 995.62	199 804.00	10 788.79	830.76
（二）星级饭店	209 629.74	60 185.40	–6 208.20	3 509.98
内资饭店	183 681.44	53 032.20	–5 366.90	3 116.08
外资饭店	25 948.30	7 153.20	–841.30	393.90
（三）旅游景区	54 430.66	25 317.66	–1 924.68	1 283.26

4-20 海口市旅游

	固定资产原价（万元）	营业收入（万元）	利润（万元）	营业税金及附加（万元）
合计	**191 204.67**	**346 676.70**	**13 231.22**	**4 167.43**
（一）旅行社	11 471.14	290 730.10	13 091.10	1 063.45
（二）星级饭店	175 331.93	54 082.29	–63.69	3 021.55
内资饭店	105 380.22	40 482.82	–1 872.70	2 222.11
外资饭店	69 951.71	13 599.47	1 809.01	799.44
（三）旅游景区	4 401.60	1 864.31	203.81	82.43

企业主要经济指标

利润率（%）	全员劳动生产率（万元/人）	人均实现利润（万元/人）	人均固定资产原价（万元/人）	从业人员（人）	企业数（家）
0.93	**24.53**	**0.23**	**23.39**	**11 630**	**205**
5.40	66.03	3.57	2.64	3 026	137
−10.32	10.04	−1.04	34.98	5 993	50
−10.12	10.62	−1.08	36.80	4 992	46
−11.76	7.15	−0.84	25.92	1 001	4
−7.60	9.70	−0.74	20.85	2 611	18

企业主要经济指标

利润率（%）	全员劳动生产率（万元/人）	人均实现利润（万元/人）	人均固定资产原价（万元/人）	从业人员（人）	企业数（家）
3.82	**44.53**	**1.70**	**24.56**	**7 785**	**230**
4.50	67.27	3.03	2.65	4 322	202
−0.12	16.64	−0.02	53.93	3 251	27
−4.63	15.92	−0.74	41.44	2 543	23
13.30	19.21	2.56	98.80	708	4
10.93	8.79	0.96	20.76	212	1

4-21 成都市旅游

	固定资产原价（万元）	营业收入（万元）	利润（万元）	营业税金及附加（万元）
合计	**977 275.44**	**864 946.56**	**28 210.65**	**24 893.80**
（一）旅行社	76 133.36	474 682.60	11 196.01	3 669.91
（二）星级饭店	841 100.21	363 061.51	23 475.51	20 261.18
内资饭店	582 254.78	272 910.28	7 046.58	15 168.49
外资饭店	258 845.43	90 151.23	16 428.93	5 092.68
（三）旅游景区	60 041.87	27 202.45	–6 460.87	962.71

4-22 昆明市旅游

	固定资产原价（万元）	营业收入（万元）	利润（万元）	营业税金及附加（万元）
合计	**636 392.40**	**1 183 371.39**	**63 670.70**	**19 271.17**
（一）旅行社	9 010.15	818 064.10	27 168.92	2 277.26
（二）星级饭店	612 616.71	226 318.92	13 294.38	15 024.58
内资饭店	566 338.72	202 474.85	10 865.22	13 579.42
外资饭店	46 278.00	23 844.07	2 429.17	1 445.16
（三）旅游景区	14 765.54	138 988.37	23 207.40	1 969.33

企业主要经济指标

利润率 （%）	全员劳动生产率 （万元/人）	人均实现利润 （万元/人）	人均固定资产原价 （万元/人）	从业人员 （人）	企业数 （家）
3.26	**31.04**	**1.01**	**35.07**	**27 866**	**228**
2.36	79.11	1.87	12.69	6 000	116
6.47	17.61	1.14	40.80	20 616	105
2.58	15.19	0.39	32.41	17 964	98
18.22	33.99	6.19	97.60	2 652	7
–23.75	21.76	–5.17	48.03	1 250	7

企业主要经济指标

利润率 （%）	全员劳动生产率 （万元/人）	人均实现利润 （万元/人）	人均固定资产原价 （万元/人）	从业人员 （人）	企业数 （家）
5.38	**38.53**	**2.07**	**20.72**	**30 713**	**305**
3.32	117.55	3.90	1.29	6 959	243
5.87	10.24	0.60	27.72	22 098	60
5.37	9.90	0.53	27.68	20 457	55
10.19	14.53	1.48	28.20	1 641	5
16.70	83.93	14.01	8.92	1 656	2

4-23 西安市旅游

	固定资产原价（万元）	营业收入（万元）	利润（万元）	营业税金及附加（万元）
合计	**636 165.99**	**637 496.11**	**19 250.46**	**15 751.31**
（一）旅行社	11 145.12	375 144.00	13 669.34	1 086.54
（二）星级饭店	566 444.69	199 169.57	–5 634.41	10 776.41
内资饭店	330 144.31	136 425.44	–8 463.46	7 286.94
外资饭店	236 300.38	62 744.12	2 829.05	3 489.47
（三）旅游景区	58 576.18	63 182.54	11 215.53	3 888.36

企业主要经济指标

利润率 （%）	全员劳动 生 产 率 （万元/人）	人均实现 利　　润 （万元/人）	人均固定资产 原　　价 （万元/人）	从业人员 （人）	企业数 （家）
3.02	**31.01**	**0.94**	**30.94**	**20 559**	**434**
3.64	77.62	2.83	2.31	4 833	349
–2.83	14.19	–0.40	40.36	14 034	69
–6.20	12.63	–0.78	30.55	10 805	60
4.51	19.43	0.88	73.18	3 229	9
17.75	37.34	6.63	34.62	1 692	16

下　　篇

全国星级饭店综合资料

五、全国星级饭店综合资料

5-1 全国星级饭店

饭店注册登记类型和星级		饭店数（家）	房间数（间/套）	床位数（张）
饭店注册登记类型	**合　计**	**11 687**	**1 539 141**	**2 705 013**
	国有企业	2 910	394 709	710 440
	集体企业	445	47 796	88 679
	股份合作企业	258	30 549	57 557
	国有联营	13	1 056	1 770
	集体联营	18	1 592	2 883
	国有与集体联营	9	916	1 764
	其他联营	14	1 685	2 922
	国有独资公司	396	58 584	97 393
	其他有限责任公司	409	78 599	133 386
	股份有限公司	635	89 683	159 372
	私营独资	1 935	173 909	316 932
	私营合伙	392	37 127	63 485
	私营有限责任公司	1 845	234 162	414 407
	私营股份有限公司	235	30 037	53 646
	其他	1 693	247 651	421 742
	与港澳台商合资经营	103	23 217	38 517
	与港澳台商合作经营	30	8 217	13 155
	港澳台商独资	81	20 358	34 838
	港澳台商投资股份有限公司	21	4 334	7 079
	中外合资经营	118	24 138	37 455
	中外合作经营	30	6 985	11 670
	外资企业	81	20 952	31 521
	外商投资股份有限公司	16	2 885	4 400
饭店星级	**合　计**	**11 687**	**1 539 141**	**2 705 013**
	五星级	739	261 072	394 897
	四星级	2 361	462 821	840 811
	三星级	5 631	620 778	1 108 943
	二星级	2 831	188 663	349 657
	一星级	125	5 807	10 705

综合情况

客房出租率（%）	营业收入（万元）	营业税金及附加（万元）	固定资产原价（万元）
55.97	**22 929 283.70**	**1 305 727.85**	**50 177 192.22**
56.10	6 026 927.76	349 348.30	15 232 437.47
53.73	690 761.85	40 290.77	1 536 998.98
53.65	344 039.19	18 947.37	734 047.59
53.53	10 409.11	721.47	43 586.32
61.03	13 478.98	654.33	30 735.98
46.49	10 247.20	637.55	38 319.90
58.44	26 976.34	1 464.47	32 373.25
59.00	1 129 079.04	62 042.81	1 939 736.57
59.09	1 700 271.53	93 973.84	3 844 546.45
57.18	1 225 971.07	69 445.60	2 722 148.56
55.49	1 628 480.36	97 083.78	2 925 110.32
59.25	453 343.69	26 692.56	719 645.05
54.36	2 877 070.89	158 339.82	5 073 201.91
55.75	352 224.86	19 817.15	787 931.95
52.20	3 855 274.04	222 066.79	8 178 443.75
59.59	483 033.21	26 252.71	1 085 220.45
62.48	160 381.69	8 881.97	308 711.80
55.37	448 244.72	24 280.57	1 096 919.94
55.23	134 468.73	7 523.50	289 668.94
59.50	612 372.22	34 333.52	1 420 583.16
55.59	153 674.57	8 717.62	470 977.24
58.15	524 178.58	30 448.19	1 395 591.07
58.68	68 374.09	3 763.15	270 255.58
55.97	**22 929 283.70**	**1 305 727.85**	**50 177 192.22**
56.06	7 614 454.16	436 680.68	18 819 441.24
57.21	7 766 624.71	431 551.87	17 495 999.30
55.64	6 307 724.86	364 080.41	11 849 004.86
54.05	1 210 220.90	71 808.82	1 964 448.70
51.53	30 259.06	1 606.06	48 298.12

5-2 全国星级饭店

地区	总计	国有企业	集体企业	股份合作企业	国有联营	集体联营	国有与集体联营	其他联营	国有独资公司	其他有限责任公司	股份有限公司	私营独资
总计	**11 687**	**2 910**	**445**	**258**	**13**	**18**	**9**	**14**	**396**	**409**	**635**	**1 935**
北京	577	165	35	17	0	0	0	0	17	208	11	7
天津	93	1	0	0	0	0	0	0	0	0	6	0
河北	409	153	15	10	1	0	1	0	0	0	20	46
山西	272	103	7	6	0	0	1	0	0	0	24	31
内蒙古	268	55	12	2	0	0	0	2	1	0	10	65
辽宁	421	126	21	4	1	1	1	1	1	0	14	82
吉林	189	65	19	4	0	1	0	1	0	0	6	32
黑龙江	223	84	4	7	2	0	0	0	0	0	12	48
上海	256	89	17	3	0	0	2	0	22	0	15	11
江苏	735	131	27	15	0	0	0	0	306	0	46	160
浙江	828	104	45	30	0	2	1	2	4	0	67	84
安徽	377	93	11	13	0	0	0	0	0	0	28	61
福建	401	99	14	11	0	0	0	1	1	0	11	33
江西	341	108	4	8	0	0	0	0	0	0	28	45
山东	792	255	41	19	0	3	0	4	0	0	68	87
河南	362	99	24	6	1	0	0	0	1	0	24	51
湖北	378	116	11	13	1	0	0	1	3	0	14	52
湖南	414	95	6	15	0	0	0	0	1	0	29	116
广东	917	122	27	6	3	2	0	1	23	128	39	109
广西	381	86	10	8	1	0	0	0	1	0	15	102
海南	150	35	2	5	0	1	0	0	0	0	2	16
重庆	234	58	9	3	0	0	0	0	1	0	11	35
四川	461	58	6	6	1	1	0	0	6	73	37	79
贵州	305	73	4	5	1	0	0	0	1	0	16	103
云南	563	127	26	9	0	4	0	1	2	0	21	211
西藏	109	26	8	0	1	2	0	0	0	0	3	33
陕西	333	109	9	23	0	1	0	0	1	0	17	27
甘肃	304	102	16	4	0	0	3	0	0	0	19	62
青海	125	26	3	1	0	0	0	0	0	0	3	37
宁夏	84	13	2	2	0	0	0	0	2	0	4	17
新疆	385	134	10	3	0	0	0	0	2	0	15	93

的注册登记类型

单位：家

私营合伙	私营有限责任公司	私营股份有限公司	其他	与港澳台商合资经营	与港澳台商合作经营	港澳台商独资	港澳台商投资股份有限公司	中外合资经营	中外合作经营	外资企业	外商投资股份有限公司
392	**1 845**	**235**	**1 693**	**103**	**30**	**81**	**21**	**118**	**30**	**81**	**16**
2	64	2	0	27	2	2	1	14	3	0	0
0	1	0	83	0	0	0	0	0	0	2	0
3	68	9	75	2	0	1	1	2	0	2	0
4	49	7	38	2	0	0	0	0	0	0	0
3	52	5	59	0	0	1	0	0	0	0	1
6	57	6	58	4	3	4	1	18	1	8	3
0	35	4	19	2	0	0	0	0	0	1	0
2	26	3	32	1	0	0	0	0	0	2	0
0	31	2	58	0	0	1	0	1	0	4	0
0	0	0	16	6	0	9	0	11	2	5	1
91	238	19	111	3	0	4	9	7	1	2	4
5	82	9	66	2	0	2	1	1	0	3	0
34	80	10	56	6	0	15	1	15	3	11	0
15	66	17	40	1	0	1	1	4	0	3	0
6	127	14	143	6	0	5	0	11	0	2	1
6	67	10	66	2	0	0	0	3	2	0	0
22	65	10	54	2	2	4	0	2	0	4	2
26	63	28	26	4	0	2	1	1	0	1	0
46	113	13	185	18	20	18	4	15	11	12	2
25	78	4	42	1	0	6	0	0	2	0	0
1	24	2	46	5	2	1	1	3	0	4	0
15	47	6	43	3	0	0	0	0	0	2	1
12	84	17	72	1	0	2	0	1	1	4	0
13	44	5	37	1	0	1	0	0	0	1	0
15	75	12	46	3	0	0	0	4	1	5	1
10	11	1	13	0	0	0	0	0	0	1	0
6	44	3	83	1	1	1	0	3	3	1	0
2	52	12	30	0	0	1	0	1	0	0	0
7	17	0	31	0	0	0	0	0	0	0	0
4	25	1	13	0	0	0	0	0	0	1	0
11	60	4	52	0	0	0	0	1	0	0	0

5-3 全国星级饭店的地区分布

地　区	饭店数（家）	客房数（间/套）	床位数（张）	客房出租率（%）	营业收入（万元）	营业税金及附加（万元）	固定资产原价（万元）
总　计	**11 687**	**1 539 141**	**2 705 013**	**55.97**	**22 929 283.70**	**1 305 727.85**	**50 177 192.22**
北　京	577	116 456	203 566	58.19	2 765 775.15	151 405.20	6 803 194.10
天　津	93	17 078	27 812	49.79	265 733.90	15 139.80	381 682.71
河　北	409	52 499	98 694	48.31	675 445.62	36 619.14	1 761 495.87
山　西	272	32 650	58 783	56.98	445 453.29	25 653.85	969 361.91
内蒙古	268	27 768	50 649	46.74	295 506.57	15 500.46	930 083.16
辽　宁	421	54 748	94 421	54.11	764 602.92	39 610.49	1 978 029.64
吉　林	189	19 237	34 895	45.64	246 558.80	14 245.25	745 448.82
黑龙江	223	22 643	42 314	47.37	219 411.53	12 433.52	601 730.74
上　海	256	61 571	95 834	59.25	1 669 140.80	90 031.84	3 227 759.71
江　苏	735	93 820	157 653	57.89	1 752 883.13	94 139.85	3 054 528.71
浙　江	828	113 787	193 136	54.83	2 076 327.17	117 699.51	4 073 860.51
安　徽	377	45 279	81 380	52.42	535 743.73	28 381.50	1 115 609.65
福　建	401	58 031	97 674	57.79	972 957.70	58 023.47	1 434 775.24
江　西	341	42 629	79 316	54.21	342 807.27	17 369.34	792 406.21
山　东	792	95 127	168 939	55.73	1 358 913.71	74 045.84	3 166 188.40
河　南	362	44 528	81 936	55.70	434 400.73	24 567.32	998 060.90
湖　北	378	42 491	73 239	55.29	485 416.18	27 373.63	1 190 004.74
湖　南	414	47 504	88 365	72.98	693 239.30	31 878.54	1 206 200.09
广　东	917	146 820	243 791	56.71	2 441 180.85	151 594.97	4 715 515.80
广　西	381	50 729	91 906	55.56	420 821.63	22 502.17	895 037.10
海　南	150	27 581	48 905	56.13	461 392.41	25 375.95	1 079 404.81
重　庆	234	30 115	50 998	56.89	421 047.65	23 012.00	911 587.71
四　川	461	60 426	103 038	57.52	844 850.37	46 500.20	2 093 256.49
贵　州	305	26 760	46 816	58.59	247 010.92	14 280.16	474 695.89
云　南	563	58 220	109 151	63.33	652 485.83	45 673.93	2 102 548.72
西　藏	109	9 265	17 848	57.11	60 621.09	8 858.71	229 657.78
陕　西	333	44 730	83 359	54.39	488 273.99	25 608.26	1 087 408.57
甘　肃	304	31 908	59 849	51.42	249 432.94	13 889.13	643 522.21
青　海	125	10 643	20 252	45.34	85 403.55	3 812.86	165 262.01
宁　夏	84	9 623	16 818	43.04	106 306.45	4 430.78	321 712.43
新　疆	385	44 475	83 676	52.07	450 138.52	46 070.18	1 027 161.59

5-4 全国星级饭店的星级构成

单位：家

地　区	星级饭店总　数	五星级	四星级	三星级	二星级	一星级
总　计	**11 687**	**739**	**2 361**	**5 631**	**2 831**	**125**
北　京	577	60	126	202	173	16
天　津	93	12	35	38	8	0
河　北	409	20	123	201	63	2
山　西	272	19	59	132	62	0
内蒙古	268	8	29	101	128	2
辽　宁	421	25	72	217	104	3
吉　林	189	5	46	84	54	0
黑龙江	223	5	48	111	56	3
上　海	256	58	63	95	39	1
江　苏	735	73	188	325	149	0
浙　江	828	68	180	341	222	17
安　徽	377	22	92	164	97	2
福　建	401	42	127	192	39	1
江　西	341	12	92	185	52	0
山　东	792	30	160	461	141	0
河　南	362	11	65	199	84	3
湖　北	378	19	70	172	113	4
湖　南	414	12	42	187	166	7
广　东	917	99	164	542	109	3
广　西	381	12	59	227	82	1
海　南	150	24	39	74	10	3
重　庆	234	23	50	121	39	1
四　川	461	23	108	185	137	8
贵　州	305	5	52	134	99	15
云　南	563	17	63	195	269	19
西　藏	109	1	18	38	51	1
陕　西	333	10	43	212	68	0
甘　肃	304	4	49	154	90	7
青　海	125	2	19	66	37	1
宁　夏	84	1	27	48	8	0
新　疆	385	17	53	228	82	5

5-5 全国星级饭店的营业收入总额

单位：万元

地　区	营业收入		
		#客房	#餐饮
总　计	**22 929 283.70**	**9 929 763.48**	**9 706 163.04**
北　京	2 765 775.15	1 274 716.40	868 622.50
天　津	265 733.90	114 914.73	110 307.03
河　北	675 445.62	235 599.58	311 010.00
山　西	445 453.29	176 587.06	209 946.31
内蒙古	295 506.57	119 037.43	146 954.10
辽　宁	764 602.92	314 151.11	324 837.23
吉　林	246 558.80	100 558.30	122 268.97
黑龙江	219 411.53	113 391.01	76 865.45
上　海	1 669 140.80	806 357.40	631 507.85
江　苏	1 752 883.13	600 691.39	983 117.70
浙　江	2 076 327.17	755 683.86	1 052 955.41
安　徽	535 743.73	219 986.48	247 822.08
福　建	972 957.70	405 884.70	457 497.33
江　西	342 807.27	185 338.75	127 766.17
山　东	1 358 913.71	518 607.25	683 949.68
河　南	434 400.73	178 432.86	202 738.76
湖　北	485 416.18	236 767.39	196 651.29
湖　南	693 239.30	291 131.84	267 585.92
广　东	2 441 180.85	1 034 917.00	1 019 093.01
广　西	420 821.63	186 717.33	165 505.27
海　南	461 392.41	274 227.04	128 159.36
重　庆	421 047.65	194 394.00	171 931.97
四　川	844 850.37	397 892.93	310 925.35
贵　州	247 010.92	136 645.06	83 803.38
云　南	652 485.83	394 576.12	190 040.92
西　藏	60 621.09	39 094.89	11 788.04
陕　西	488 273.99	207 359.23	222 200.32
甘　肃	249 432.94	125 227.00	101 181.70
青　海	85 403.55	48 017.99	29 633.90
宁　夏	106 306.45	36 225.78	62 221.55
新　疆	450 138.52	206 631.57	187 274.49

5-6 全国星级饭店的营业收入构成

地 区	营业收入（万元）	#客房（%）	#餐饮（%）
总 计	**22 929 283.70**	**43.30**	**42.33**
北 京	2 765 775.15	46.09	31.41
天 津	265 733.90	43.24	41.51
河 北	675 445.62	34.88	46.04
山 西	445 453.29	39.64	47.13
内蒙古	295 506.57	40.28	49.73
辽 宁	764 602.92	41.09	42.48
吉 林	246 558.80	40.78	49.59
黑龙江	219 411.53	51.68	35.03
上 海	1 669 140.80	48.31	37.83
江 苏	1 752 883.13	34.27	56.08
浙 江	2 076 327.17	36.39	50.71
安 徽	535 743.73	41.06	46.26
福 建	972 957.70	41.72	47.02
江 西	342 807.27	54.06	37.27
山 东	1 358 913.71	38.16	50.33
河 南	434 400.73	41.07	46.67
湖 北	485 416.18	48.77	40.51
湖 南	693 239.30	41.99	38.60
广 东	2 441 180.85	42.39	41.74
广 西	420 821.63	44.37	39.33
海 南	461 392.41	59.43	27.78
重 庆	421 047.65	46.17	40.83
四 川	844 850.37	47.10	36.80
贵 州	247 010.92	55.32	33.93
云 南	652 485.83	60.47	29.12
西 藏	60 621.09	64.49	19.44
陕 西	488 273.99	42.47	45.51
甘 肃	249 432.94	50.20	40.56
青 海	85 403.55	56.22	34.70
宁 夏	106 306.45	34.08	58.53
新 疆	450 138.52	45.90	41.60

5-7 全国星级饭店每间客房的收益

地 区	饭店数（家）	饭店规模		客 房出租率（%）	每间客房年收入（万元）
		客房数（间/套）	床位数（张）		
总 计	**11 687**	**1 539 141**	**2 705 013**	**55.97**	**14.90**
北 京	577	116 456	203 566	58.19	23.75
天 津	93	17 078	27 812	49.79	15.56
河 北	409	52 499	98 694	48.31	12.87
山 西	272	32 650	58 783	56.98	13.64
内蒙古	268	27 768	50 649	46.74	10.64
辽 宁	421	54 748	94 421	54.11	13.97
吉 林	189	19 237	34 895	45.64	12.82
黑龙江	223	22 643	42 314	47.37	9.69
上 海	256	61 571	95 834	59.25	27.11
江 苏	735	93 820	157 653	57.89	18.68
浙 江	828	113 787	193 136	54.83	18.25
安 徽	377	45 279	81 380	52.42	11.83
福 建	401	58 031	97 674	57.79	16.77
江 西	341	42 629	79 316	54.21	8.04
山 东	792	95 127	168 939	55.73	14.29
河 南	362	44 528	81 936	55.70	9.76
湖 北	378	42 491	73 239	55.29	11.42
湖 南	414	47 504	88 365	72.98	14.59
广 东	917	146 820	243 791	56.71	16.63
广 西	381	50 729	91 906	55.56	8.30
海 南	150	27 581	48 905	56.13	16.73
重 庆	234	30 115	50 998	56.89	13.98
四 川	461	60 426	103 038	57.52	13.98
贵 州	305	26 760	46 816	58.59	9.23
云 南	563	58 220	109 151	63.33	11.21
西 藏	109	9 265	17 848	57.11	6.54
陕 西	333	44 730	83 359	54.39	10.92
甘 肃	304	31 908	59 849	51.42	7.82
青 海	125	10 643	20 252	45.34	8.02
宁 夏	84	9 623	16 818	43.04	11.05
新 疆	385	44 475	83 676	52.07	10.12

5-8 全国星级饭店的人均效益

地 区	全员劳动生产率（万元/人）	人均实现利润（万元/人）	人均占用固定资产原价（万元/人）	年末从业人员（人）
总 计	**15.26**	**-0.14**	**33.40**	**1 502 469**
北 京	24.14	1.07	59.38	114 572
天 津	15.64	-1.97	22.46	16 995
河 北	11.93	-1.57	31.11	56 617
山 西	10.68	-1.23	23.23	41 724
内蒙古	11.51	-0.72	36.23	25 670
辽 宁	14.55	-1.03	37.63	52 566
吉 林	13.00	-1.30	39.31	18 962
黑龙江	11.75	0.14	32.23	18 669
上 海	28.59	2.37	55.29	58 384
江 苏	17.42	-0.71	30.36	100 615
浙 江	17.47	-0.58	34.27	118 870
安 徽	13.19	-0.41	27.47	40 616
福 建	14.08	0.22	20.77	69 078
江 西	11.37	-0.18	26.28	30 147
山 东	13.51	-0.71	31.47	100 601
河 南	10.78	-0.75	24.77	40 287
湖 北	13.87	-0.66	33.99	35 010
湖 南	14.08	0.92	24.49	49 246
广 东	16.15	0.17	31.19	151 190
广 西	11.36	-0.37	24.17	37 038
海 南	19.75	2.85	46.21	23 359
重 庆	13.58	-0.46	29.40	31 006
四 川	14.04	0.26	34.78	60 180
贵 州	10.93	0.07	21.00	22 602
云 南	9.10	0.10	29.32	71 719
西 藏	16.87	1.69	63.90	3 594
陕 西	11.99	-0.58	26.71	40 717
甘 肃	9.49	-0.11	24.49	26 274
青 海	12.07	0.21	23.36	7 076
宁 夏	11.96	-1.71	36.20	8 888
新 疆	14.91	-1.00	34.02	30 197

六、全国五星级饭店综合资料

6-1 全国五星级饭店

饭店注册登记类型	饭店数（家）	客房数（间/套）	床位数（张）
合　计	**739**	**261 072**	**394 897**
国有企业	154	52 078	80 508
集体企业	11	4 498	7 363
股份合作企业	6	2 476	4 079
国有联营	1	195	354
集体联营	—	—	—
国有与集体联营	—	—	—
其他联营	2	653	1 009
国有独资公司	41	12 845	18 629
其他有限责任公司	41	22 555	35 388
股份有限公司	30	10 619	17 083
私营独资	42	17 604	26 998
私营合伙	11	3 447	5 139
私营有限责任公司	74	22 123	33 648
私营股份有限公司	16	4 774	7 930
其他	165	54 092	79 512
与港澳台商合资经营	23	8 807	13 456
与港澳台商合作经营	6	2 667	3 628
港澳台商独资	25	9 689	14 100
港澳台商投资股份有限公司	8	2 449	3 954
中外合资经营	31	10 839	15 336
中外合作经营	9	2 870	4 347
外资企业	38	13 988	20 122
外商投资股份有限公司	5	1 804	2 314

综合情况

客房出租率（%）	营业收入（万元）	营业税金及附加（万元）	固定资产原价（万元）
56.06	**7 614 454.16**	**436 680.68**	**18 819 441.24**
56.12	1 615 725.09	90 650.18	5 148 358.56
52.90	164 979.40	9 051.82	389 370.44
46.39	39 280.80	2 188.72	162 881.97
54.26	3 281.00	350.00	16 689.00
—	—	—	—
—	—	—	—
56.79	15 540.60	867.40	84.80
58.48	352 931.95	19 665.51	763 400.72
60.15	724 430.25	39 782.49	1 692 180.89
49.70	288 005.48	16 119.91	784 266.98
56.49	329 195.40	18 913.79	531 852.59
64.45	132 928.04	8 095.37	248 092.07
53.94	559 787.70	32 043.31	885 082.06
48.58	100 341.14	5 744.20	322 342.04
55.31	1 602 371.14	99 245.03	3 759 174.31
58.64	239 744.83	12 878.05	601 490.46
65.52	58 043.10	3 197.85	46 690.16
54.50	309 971.22	16 396.39	793 091.49
64.66	103 318.86	5 783.85	208 671.08
60.21	398 332.62	22 421.05	873 796.91
50.90	77 222.37	4 390.12	240 606.78
56.43	442 059.97	25 810.84	1 108 536.67
54.75	56 963.20	3 084.80	242 781.26

6-2 全国五星级饭店

地　区	总计	国有企业	集体企业	股份合作企业	国有联营	集体联营	国有与集体联营	其他联营	国有独资公司	其他有限责任公司	股份有限公司	私营独资
总　计	**739**	**154**	**11**	**6**	**1**	**0**	**0**	**2**	**41**	**41**	**30**	**42**
北　京	60	14	4	1	0	0	0	0	1	27	2	0
天　津	12	0	0	0	0	0	0	0	0	0	1	0
河　北	20	7	0	0	0	0	0	0	0	0	1	3
山　西	19	4	1	0	0	0	0	0	0	0	2	2
内蒙古	8	2	0	0	0	0	0	0	0	0	0	0
辽　宁	25	3	0	0	0	0	0	0	0	0	1	2
吉　林	5	1	0	0	0	0	0	1	0	0	1	0
黑龙江	5	0	0	0	0	0	0	0	0	0	0	1
上　海	58	16	2	0	0	0	0	0	6	0	1	3
江　苏	73	14	2	1	0	0	0	0	31	0	2	8
浙　江	68	9	0	0	0	0	0	1	0	0	5	4
安　徽	22	7	0	0	0	0	0	0	0	0	3	0
福　建	42	9	0	2	0	0	0	0	0	0	1	1
江　西	12	5	0	0	0	0	0	0	0	0	0	2
山　东	30	9	1	0	0	0	0	0	0	0	2	0
河　南	11	3	0	0	1	0	0	0	0	0	0	0
湖　北	19	5	0	1	0	0	0	0	0	0	1	2
湖　南	12	7	0	0	0	0	0	0	0	0	0	0
广　东	99	7	0	0	0	0	0	0	1	10	1	5
广　西	12	3	0	1	0	0	0	0	0	0	0	1
海　南	24	5	0	0	0	0	0	0	0	0	0	0
重　庆	23	2	0	0	0	0	0	0	0	0	2	3
四　川	23	3	0	0	0	0	0	0	0	4	1	1
贵　州	5	2	0	0	0	0	0	0	0	0	1	0
云　南	17	4	0	0	0	0	0	0	1	0	2	1
西　藏	1	0	0	0	0	0	0	0	0	0	0	0
陕　西	10	2	0	0	0	0	0	0	0	0	0	2
甘　肃	4	2	0	0	0	0	0	0	0	0	0	0
青　海	2	1	0	0	0	0	0	0	0	0	0	0
宁　夏	1	1	0	0	0	0	0	0	0	0	0	0
新　疆	17	7	1	0	0	0	0	0	1	0	0	1

的注册登记类型

单位：家

私营合伙	私营有限责任公司	私营股份有限公司	其他	与港澳台商合资经营	与港澳台商合作经营	港澳台商独资	港澳台商投资股份有限公司	中外合资经营	中外合作经营	外资企业	外商投资股份有限公司
11	**74**	**16**	**165**	**23**	**6**	**25**	**8**	**31**	**9**	**38**	**5**
0	1	1	0	3	1	0	1	3	1	0	0
0	0	0	10	0	0	0	0	0	0	1	0
0	4	0	4	0	0	0	0	1	0	0	0
0	4	0	5	1	0	0	0	0	0	0	0
0	1	0	3	0	0	1	0	0	0	0	1
0	4	1	6	2	1	1	0	1	0	2	1
0	0	0	1	0	0	0	0	0	0	1	0
0	0	1	2	0	0	0	0	0	0	1	0
0	4	1	19	0	0	1	0	1	0	4	0
0	0	0	2	4	0	2	0	3	0	3	1
3	14	1	16	2	0	3	4	5	0	0	1
0	3	3	4	0	0	1	0	0	0	1	0
3	6	1	5	0	0	3	0	4	2	5	0
0	2	0	2	0	0	0	1	0	0	0	0
0	3	1	9	2	0	1	0	2	0	0	0
0	0	0	5	1	0	0	0	0	1	0	0
0	2	1	2	0	1	2	0	1	0	1	0
0	1	1	3	0	0	0	0	0	0	0	0
4	11	3	28	2	3	5	1	5	4	9	0
0	2	0	3	0	0	2	0	0	0	0	0
0	1	0	9	3	0	0	1	2	0	3	0
1	1	0	9	2	0	0	0	0	0	2	1
0	5	0	5	0	0	2	0	0	0	2	0
0	0	0	2	0	0	0	0	0	0	0	0
0	2	0	5	1	0	0	0	0	0	1	0
0	0	0	0	0	0	0	0	0	0	1	0
0	0	0	1	0	0	1	0	2	1	1	0
0	1	1	0	0	0	0	0	0	0	0	0
0	0	0	1	0	0	0	0	0	0	0	0
0	0	0	0	0	0	0	0	0	0	0	0
0	2	0	4	0	0	0	0	1	0	0	0

6-3 全国五星级饭店的地区分布

地　区	饭店数（家）	客房数（间/套）	床位数（张）	客　房出租率（%）	营业收入（万元）	营业税金及附加（万元）	固定资产原　价（万元）
总　计	**739**	**261 072**	**394 897**	**56.06**	**7 614 454.16**	**436 680.68**	**18 819 441.24**
北　京	60	31 872	49 409	61.96	1 159 628.00	64 003.10	3 151 018.10
天　津	12	4 002	5 548	43.44	71 014.91	4 543.15	50 908.10
河　北	20	5 710	9 107	47.12	147 749.50	6 719.84	598 558.54
山　西	19	5 159	8 165	51.06	100 494.48	5 635.85	286 025.09
内蒙古	8	3 261	4 775	48.59	72 390.39	4 013.38	317 803.98
辽　宁	25	9 176	12 568	54.88	220 613.28	12 288.64	626 125.40
吉　林	5	1 755	2 650	52.40	48 098.40	2 576.70	150 450.40
黑龙江	5	1 204	1 689	60.53	43 353.19	2 273.50	59 892.90
上　海	58	24 824	34 498	59.96	997 376.33	54 826.02	1 944 398.05
江　苏	73	21 491	31 372	54.88	551 244.00	30 658.79	1 275 738.98
浙　江	68	20 693	32 053	52.50	662 620.18	39 600.39	1 462 165.02
安　徽	22	6 359	10 247	48.71	113 354.34	6 654.29	281 151.35
福　建	42	12 651	18 517	60.29	374 651.26	23 742.19	521 589.58
江　西	12	3 712	5 700	57.85	67 104.51	3 657.22	178 748.30
山　东	30	9 599	14 266	53.64	270 613.23	13 997.76	984 525.10
河　南	11	2 368	3 718	53.16	58 839.97	3 411.36	222 606.28
湖　北	19	6 100	8 711	55.86	148 410.63	8 169.34	416 571.58
湖　南	12	4 664	7 832	77.35	188 340.12	9 846.82	437 933.21
广　东	99	39 664	60 665	56.52	1 092 005.54	70 867.57	2 395 995.59
广　西	12	4 279	7 162	47.98	83 328.07	4 540.88	301 612.89
海　南	24	8 997	13 606	62.70	305 006.38	17 159.30	681 060.79
重　庆	23	7 113	10 650	53.64	167 580.05	9 107.16	515 337.03
四　川	23	9 156	13 866	51.52	273 091.96	15 074.24	673 682.33
贵　州	5	1 733	2 499	49.52	43 011.12	2 263.91	74 977.40
云　南	17	4 945	8 635	64.35	122 934.14	7 464.17	342 619.40
西　藏	1	162	242	27.01	5 685.00	324.80	7 417.49
陕　西	10	3 595	5 761	55.25	76 875.82	4 175.47	295 031.17
甘　肃	4	1 150	1 946	38.14	14 773.95	815.42	77 140.53
青　海	2	707	1 217	49.33	19 753.40	576.61	17 665.90
宁　夏	1	482	587	30.86	8 657.01	—	97 568.69
新　疆	17	4 489	7 236	45.43	105 855.00	7 692.81	373 122.07

6-4 全国五星级饭店的营业收入总额

单位：万元

地　区	营业收入	#客房	#餐饮
总　计	**7 614 454.16**	**3 459 604.64**	**3 096 516.21**
北　京	1 159 628.00	548 471.90	390 788.20
天　津	71 014.91	37 061.84	27 510.21
河　北	147 749.50	45 839.55	49 639.53
山　西	100 494.48	43 595.22	43 773.33
内蒙古	72 390.39	30 951.79	35 527.58
辽　宁	220 613.28	103 657.44	93 026.42
吉　林	48 098.40	21 914.50	19 553.30
黑龙江	43 353.19	24 577.49	15 947.73
上　海	997 376.33	495 283.86	399 936.32
江　苏	551 244.00	220 212.84	286 217.76
浙　江	662 620.18	234 937.97	337 642.44
安　徽	113 354.34	51 779.35	53 416.12
福　建	374 651.26	160 335.21	178 792.19
江　西	67 104.51	32 780.36	27 598.59
山　东	270 613.23	122 727.93	114 175.37
河　南	58 839.97	29 844.96	23 080.81
湖　北	148 410.63	77 103.45	58 074.14
湖　南	188 340.12	66 702.34	70 603.94
广　东	1 092 005.54	466 660.29	448 712.71
广　西	83 328.07	37 405.00	34 611.83
海　南	305 006.38	198 576.75	88 248.72
重　庆	167 580.05	76 396.87	67 747.37
四　川	273 091.96	137 289.41	82 900.07
贵　州	43 011.12	21 433.00	16 304.03
云　南	122 934.14	69 059.97	35 422.23
西　藏	5 685.00	3 640.60	1 713.60
陕　西	76 875.82	37 952.06	33 602.73
甘　肃	14 773.95	8 160.57	4 992.46
青　海	19 753.40	11 921.84	6 141.25
宁　夏	8 657.01	4 527.30	2 590.64
新　疆	105 855.00	38 802.98	48 224.59

6–5　全国五星级饭店的营业收入构成

地　区	营业收入 （万元）	#客房（%）	#餐饮（%）
总　计	**7 614 454.16**	**45.43**	**40.67**
北　京	1 159 628.00	47.30	33.70
天　津	71 014.91	52.19	38.74
河　北	147 749.50	31.03	33.60
山　西	100 494.48	43.38	43.56
内蒙古	72 390.39	42.76	49.08
辽　宁	220 613.28	46.99	42.17
吉　林	48 098.40	45.56	40.65
黑龙江	43 353.19	56.69	36.79
上　海	997 376.33	49.66	40.10
江　苏	551 244.00	39.95	51.92
浙　江	662 620.18	35.46	50.96
安　徽	113 354.34	45.68	47.12
福　建	374 651.26	42.80	47.72
江　西	67 104.51	48.85	41.13
山　东	270 613.23	45.35	42.19
河　南	58 839.97	50.72	39.23
湖　北	148 410.63	51.95	39.13
湖　南	188 340.12	35.42	37.49
广　东	1 092 005.54	42.73	41.09
广　西	83 328.07	44.89	41.54
海　南	305 006.38	65.11	28.93
重　庆	167 580.05	45.59	40.43
四　川	273 091.96	50.27	30.36
贵　州	43 011.12	49.83	37.91
云　南	122 934.14	56.18	28.81
西　藏	5 685.00	64.04	30.14
陕　西	76 875.82	49.37	43.71
甘　肃	14 773.95	55.24	33.79
青　海	19 753.40	60.35	31.09
宁　夏	8 657.01	52.30	29.93
新　疆	105 855.00	36.66	45.56

6–6 全国五星级饭店每间客房的收益

地 区	饭店数（家）	饭店规模		客房出租率（%）	每间客房年收入（万元）
		客房数（间/套）	床位数（张）		
总 计	**739**	**261 072**	**394 897**	**56.06**	**29.17**
北 京	60	31 872	49 409	61.96	36.38
天 津	12	4 002	5 548	43.44	17.74
河 北	20	5 710	9 107	47.12	25.88
山 西	19	5 159	8 165	51.06	19.48
内蒙古	8	3 261	4 775	48.59	22.20
辽 宁	25	9 176	12 568	54.88	24.04
吉 林	5	1 755	2 650	52.40	27.41
黑龙江	5	1 204	1 689	60.53	36.01
上 海	58	24 824	34 498	59.96	40.18
江 苏	73	21 491	31 372	54.88	25.65
浙 江	68	20 693	32 053	52.50	32.02
安 徽	22	6 359	10 247	48.71	17.83
福 建	42	12 651	18 517	60.29	29.61
江 西	12	3 712	5 700	57.85	18.08
山 东	30	9 599	14 266	53.64	28.19
河 南	11	2 368	3 718	53.16	24.85
湖 北	19	6 100	8 711	55.86	24.33
湖 南	12	4 664	7 832	77.35	40.38
广 东	99	39 664	60 665	56.52	27.53
广 西	12	4 279	7 162	47.98	19.47
海 南	24	8 997	13 606	62.70	33.90
重 庆	23	7 113	10 650	53.64	23.56
四 川	23	9 156	13 866	51.52	29.83
贵 州	5	1 733	2 499	49.52	24.82
云 南	17	4 945	8 635	64.35	24.86
西 藏	1	162	242	27.01	35.09
陕 西	10	3 595	5 761	55.25	21.38
甘 肃	4	1 150	1 946	38.14	12.85
青 海	2	707	1 217	49.33	27.94
宁 夏	1	482	587	30.86	17.96
新 疆	17	4 489	7 236	45.43	23.58

6-7 全国五星级饭店的人均效益

地　区	全员劳动生产率（万元/人）	人均实现利润（万元/人）	人均占用固定资产原价（万元/人）	年末从业人员（人）
总　计	**22.86**	**0.90**	**56.50**	**333 059**
北　京	32.63	2.65	88.66	35 539
天　津	16.82	−1.75	12.06	4 222
河　北	16.75	−4.60	67.87	8 819
山　西	14.83	−2.31	42.20	6 778
内蒙古	19.30	−1.07	84.73	3 751
辽　宁	15.65	−0.13	44.42	14 096
吉　林	23.22	−0.80	72.65	2 071
黑龙江	28.79	7.19	39.77	1 506
上　海	35.55	4.92	69.31	28 052
江　苏	21.56	−0.80	49.90	25 568
浙　江	20.49	−0.30	45.21	32 342
安　徽	17.25	−1.08	42.79	6 571
福　建	20.48	0.82	28.51	18 292
江　西	14.92	0.95	39.73	4 499
山　东	20.39	−0.95	74.18	13 272
河　南	16.05	−2.48	60.74	3 665
湖　北	21.27	−0.85	59.69	6 979
湖　南	27.60	4.05	64.17	6 825
广　东	22.22	0.87	48.76	49 138
广　西	17.50	−1.14	63.34	4 762
海　南	26.33	5.64	58.79	11 584
重　庆	18.19	−0.76	55.94	9 213
四　川	22.00	3.64	54.27	12 413
贵　州	23.25	3.88	40.53	1 850
云　南	16.63	2.26	46.35	7 392
西　藏	25.49	7.19	33.26	223
陕　西	19.32	0.65	74.13	3 980
甘　肃	11.70	−1.97	61.08	1 263
青　海	19.99	0.16	17.88	988
宁　夏	15.91	−6.66	179.35	544
新　疆	15.43	−2.54	54.38	6 862

七、全国四星级饭店综合资料

7-1　全国四星级饭店

	饭店数 （家）	客房数 （间/套）	床位数 （张）
合　计	**2 361**	**462 821**	**840 811**
国有企业	569	117 235	214 484
集体企业	49	9 059	17 245
股份合作企业	59	10 632	20 394
国有联营	1	183	314
集体联营	2	310	542
国有与集体联营	1	151	312
其他联营	2	293	543
国有独资公司	122	24 024	40 525
其他有限责任公司	97	23 863	41 557
股份有限公司	160	31 224	58 261
私营独资	182	29 569	57 341
私营合伙	36	5 669	10 174
私营有限责任公司	446	82 232	150 987
私营股份有限公司	54	10 360	18 953
其他	429	82 462	145 862
与港澳台商合资经营	32	7 532	13 279
与港澳台商合作经营	11	3 801	6 817
港澳台商独资	31	7 473	15 011
港澳台商投资股份有限公司	7	1 004	1 687
中外合资经营	39	8 254	13 704
中外合作经营	10	2 864	5 121
外资企业	21	4 461	7 423
外商投资股份有限公司	1	166	275

综合情况

客房出租率（%）	营业收入（万元）	营业税金及附加（万元）	固定资产原价（万元）
57.21	**7 766 624.71**	**431 551.87**	**17 495 999.30**
57.54	2 137 003.22	117 314.59	5 469 300.55
59.77	171 673.51	10 014.00	358 394.22
52.67	160 092.61	8 771.85	322 480.80
47.21	2 668.04	144.70	13 306.90
61.52	4 061.02	228.30	5 439.40
23.32	2 456.16	147.82	24 680.75
64.48	3 930.89	210.32	19 476.88
59.53	484 518.70	26 717.25	853 676.38
61.21	524 170.52	29 230.93	1 358 819.16
60.19	554 522.95	31 527.95	1 146 458.43
55.66	405 232.36	21 067.66	755 899.21
57.26	90 736.98	5 819.16	139 496.30
55.43	1 184 901.19	67 052.30	2 412 993.66
58.10	142 896.87	8 229.36	284 760.52
55.04	1 249 847.51	69 058.34	2 659 740.12
61.46	147 042.93	8 105.84	270 911.54
61.98	78 764.35	4 321.43	240 518.98
56.09	107 550.15	5 999.28	240 929.79
44.42	21 722.01	1 215.65	62 177.66
59.76	165 760.17	9 190.49	433 067.89
64.09	60 779.48	3 376.76	178 648.85
62.89	64 587.26	3 705.79	243 003.11
80.00	1705.84	102.10	1818.20

7-2 全国四星级饭店

地 区	总计	国有企业	集体企业	股份合作企业	国有联营	集体联营	国有与集体联营	其他联营	国有独资公司	其他有限责任公司	股份有限公司	私营独资
总 计	**2 361**	**569**	**49**	**59**	**1**	**2**	**1**	**2**	**122**	**97**	**160**	**182**
北 京	126	27	8	5	0	0	0	0	4	52	3	3
天 津	35	0	0	0	0	0	0	0	0	0	3	0
河 北	123	34	1	4	1	0	0	0	0	0	7	10
山 西	59	12	1	2	0	0	0	0	0	0	7	7
内蒙古	29	9	0	0	0	0	0	0	1	0	0	3
辽 宁	72	11	2	1	0	0	0	0	1	0	1	10
吉 林	46	16	2	0	0	1	0	0	0	0	1	5
黑龙江	48	24	1	1	0	0	0	0	0	0	3	5
上 海	63	22	0	1	0	0	1	0	11	0	5	2
江 苏	188	37	5	4	0	0	0	0	93	0	11	22
浙 江	180	20	8	8	0	0	0	1	2	0	27	8
安 徽	92	25	1	5	0	0	0	0	0	0	6	8
福 建	127	27	2	3	0	0	0	0	0	0	5	11
江 西	92	22	2	2	0	0	0	0	0	0	6	6
山 东	160	59	4	3	0	1	0	0	0	0	22	1
河 南	65	22	1	2	0	0	0	0	0	0	3	5
湖 北	70	24	1	2	0	0	0	1	1	0	2	6
湖 南	42	14	1	0	0	0	0	0	0	0	6	3
广 东	164	19	3	0	0	0	0	0	4	22	10	6
广 西	59	11	0	1	0	0	0	0	1	0	6	7
海 南	39	6	0	4	0	0	0	0	0	0	1	3
重 庆	50	15	2	0	0	0	0	0	0	0	3	6
四 川	108	11	0	2	0	0	0	0	2	23	5	12
贵 州	52	9	0	2	0	0	0	0	1	0	3	6
云 南	63	23	1	3	0	0	0	0	0	0	4	7
西 藏	18	8	0	0	0	0	0	0	0	0	1	3
陕 西	43	13	0	1	0	0	0	0	0	0	1	1
甘 肃	49	19	2	0	0	0	0	0	0	0	1	4
青 海	19	6	1	1	0	0	0	0	0	0	1	0
宁 夏	27	4	0	1	0	0	0	0	1	0	1	4
新 疆	53	20	0	1	0	0	0	0	0	0	5	8

的注册登记类型

单位：家

私营合伙	私营有限责任公司	私营股份有限公司	其他	与港澳台商合资经营	与港澳台商合作经营	港澳台商独资	港澳台商投资股份有限公司	中外合资经营	中外合作经营	外资企业	外商投资股份有限公司
36	**446**	**54**	**429**	**32**	**11**	**31**	**7**	**39**	**10**	**21**	**1**
0	13	0	0	8	0	0	0	2	1	0	0
0	0	0	32	0	0	0	0	0	0	0	0
1	28	5	28	2	0	1	1	0	0	0	0
0	13	1	16	0	0	0	0	0	0	0	0
0	6	1	9	0	0	0	0	0	0	0	0
0	14	3	13	1	2	2	0	8	1	2	0
0	9	3	7	2	0	0	0	0	0	0	0
0	2	0	10	1	0	0	0	0	0	1	0
0	2	0	19	0	0	0	0	0	0	0	0
0	0	0	0	1	0	5	0	7	1	2	0
5	57	3	34	1	0	1	4	1	0	0	0
0	25	1	19	0	0	0	0	1	0	1	0
8	28	6	18	1	0	9	1	4	1	3	0
1	27	4	16	0	0	1	0	3	0	2	0
0	26	4	33	3	0	1	0	2	0	1	0
1	10	3	14	1	0	0	0	2	1	0	0
1	17	1	9	1	1	1	0	0	0	1	1
0	7	2	6	2	0	0	0	0	0	1	0
12	28	1	31	5	6	7	1	5	2	2	0
1	21	1	6	1	0	2	0	0	1	0	0
0	6	0	16	1	1	0	0	1	0	0	0
0	14	1	9	0	0	0	0	0	0	0	0
1	27	6	15	0	0	0	0	1	1	2	0
0	14	1	15	0	0	0	0	0	0	1	0
0	13	3	7	0	0	0	0	1	0	1	0
1	1	1	3	0	0	0	0	0	0	0	0
1	5	0	18	1	1	0	0	0	1	0	0
1	12	2	6	0	0	1	0	1	0	0	0
1	4	0	5	0	0	0	0	0	0	0	0
0	9	1	5	0	0	0	0	0	0	1	0
1	8	0	10	0	0	0	0	0	0	0	0

7-3 全国四星级饭店的地区分布

地　区	饭店数（家）	客房数（间/套）	床位数（张）	客房出租率（%）	营业收入（万元）	营业税金及附加（万元）	固定资产原价（万元）
总　计	**2 361**	**462 821**	**840 811**	**57.21**	**7 766 624.71**	**431 551.87**	**17 495 999.30**
北　京	126	35 487	64 172	62.06	881 554.40	48 630.70	2 244 154.30
天　津	35	7 558	12 978	53.59	127 255.76	6 970.33	231 302.08
河　北	123	19 750	37 960	49.31	288 319.00	16 416.76	660 161.05
山　西	59	8 575	15 626	57.49	132 721.43	8 067.64	339 655.70
内蒙古	29	5 406	9 835	48.79	77 484.36	4 085.77	261 314.11
辽　宁	72	14 257	23 753	58.84	254 638.32	14 404.55	778 231.99
吉　林	46	7 188	12 918	47.94	117 278.90	6 573.79	346 814.85
黑龙江	48	7 752	14 097	48.00	95 656.20	6 468.12	333 905.77
上　海	63	18 791	31 069	62.39	431 955.27	23 093.58	800 319.57
江　苏	188	33 259	57 808	57.69	662 534.17	35 766.17	1 259 544.47
浙　江	180	37 368	65 037	57.02	765 312.75	42 842.98	1 468 818.24
安　徽	92	16 796	31 210	50.45	226 278.05	11 454.09	493 062.34
福　建	127	23 264	42 388	57.02	363 083.66	20 343.17	611 485.52
江　西	92	16 243	33 282	55.50	160 691.61	8 363.64	350 190.83
山　东	160	29 628	51 903	57.26	532 069.97	30 039.40	1 216 713.64
河　南	65	12 408	23 637	51.99	141 084.37	8 063.28	364 144.88
湖　北	70	13 100	23 501	53.56	165 766.48	9 434.31	438 740.89
湖　南	42	10 268	22 479	72.38	196 399.96	8 346.00	333 649.48
广　东	164	35 335	62 978	57.80	642 974.37	38 414.54	1 233 718.45
广　西	59	12 719	24 230	53.64	150 570.88	7 851.55	282 985.43
海　南	39	9 192	18 216	57.62	112 631.50	5 788.13	300 927.77
重　庆	50	8 575	15 076	63.32	135 268.02	7 389.54	183 495.54
四　川	108	19 663	34 486	57.72	278 450.15	15 346.37	809 518.12
贵　州	52	8 423	14 775	64.14	101 277.50	5 699.50	193 334.94
云　南	63	13 571	25 315	79.06	231 008.38	16 297.94	824 121.11
西　藏	18	2 876	5 540	50.99	24 208.55	1 336.48	105 727.55
陕　西	43	10 188	18 672	56.74	149 789.36	8 334.73	348 222.48
甘　肃	49	8 192	14 960	48.67	80 991.37	5 235.64	229 322.83
青　海	19	2 723	5 350	45.03	34 557.20	1 742.19	54 817.65
宁　夏	27	4 059	7 271	41.35	59 647.72	2 328.27	122 071.99
新　疆	53	10 207	20 289	52.84	145 165.05	6 422.71	275 525.73

7-4 全国四星级饭店的营业收入总额

单位：万元

地　区	营业收入		
		#客房	#餐饮
总　计	**7 766 624.71**	**3 328 744.22**	**3 347 923.29**
北　京	881 554.40	412 787.70	270 431.60
天　津	127 255.76	54 681.75	54 281.32
河　北	288 319.00	105 637.40	134 934.10
山　西	132 721.43	48 948.30	65 786.75
内蒙古	77 484.36	33 130.07	39 710.56
辽　宁	254 638.32	103 376.33	122 276.95
吉　林	117 278.90	45 041.60	61 550.80
黑龙江	95 656.20	47 615.59	34 210.20
上　海	431 955.27	208 961.06	150 420.51
江　苏	662 534.17	225 850.95	372 410.65
浙　江	765 312.75	280 994.30	408 718.98
安　徽	226 278.05	90 880.78	96 428.26
福　建	363 083.66	156 161.39	168 459.09
江　西	160 691.61	87 892.95	56 919.49
山　东	532 069.97	195 323.39	264 754.81
河　南	141 084.37	61 196.97	60 476.39
湖　北	165 766.48	80 419.76	64 083.20
湖　南	196 399.96	82 843.31	69 731.20
广　东	642 974.37	263 134.05	281 986.16
广　西	150 570.88	60 716.51	61 300.91
海　南	112 631.50	50 902.83	25 680.52
重　庆	135 268.02	65 150.60	57 149.50
四　川	278 450.15	135 784.28	102 941.14
贵　州	101 277.50	55 964.15	36 511.11
云　南	231 008.38	147 278.34	69 844.40
西　藏	24 208.55	14 789.43	5 257.40
陕　西	149 789.36	69 639.38	65 523.77
甘　肃	80 991.37	44 322.82	30 620.66
青　海	34 557.20	15 589.95	15 641.66
宁　夏	59 647.72	17 752.63	38 897.95
新　疆	145 165.05	65 975.65	60 983.25

7-5　全国四星级饭店的营业收入构成

地　区	营业收入（万元）	#客房（%）	#餐饮（%）
总　计	**7 766 624.71**	**42.86**	**43.11**
北　京	881 554.40	46.82	30.68
天　津	127 255.76	42.97	42.66
河　北	288 319.00	36.64	46.80
山　西	132 721.43	36.88	49.57
内蒙古	77 484.36	42.76	51.25
辽　宁	254 638.32	40.60	48.02
吉　林	117 278.90	38.41	52.48
黑龙江	95 656.20	49.78	35.76
上　海	431 955.27	48.38	34.82
江　苏	662 534.17	34.09	56.21
浙　江	765 312.75	36.72	53.41
安　徽	226 278.05	40.16	42.61
福　建	363 083.66	43.01	46.40
江　西	160 691.61	54.70	35.42
山　东	532 069.97	36.71	49.76
河　南	141 084.37	43.38	42.87
湖　北	165 766.48	48.51	38.66
湖　南	196 399.96	42.18	35.50
广　东	642 974.37	40.92	43.86
广　西	150 570.88	40.32	40.71
海　南	112 631.50	45.19	22.80
重　庆	135 268.02	48.16	42.25
四　川	278 450.15	48.76	36.97
贵　州	101 277.50	55.26	36.05
云　南	231 008.38	63.75	30.23
西　藏	24 208.55	61.09	21.72
陕　西	149 789.36	46.49	43.74
甘　肃	80 991.37	54.73	37.81
青　海	34 557.20	45.11	45.26
宁　夏	59 647.72	29.76	65.21
新　疆	145 165.05	45.45	42.01

7-6 全国四星级饭店每间客房的收益

地 区	饭店数（家）	饭店规模		客房出租率（%）	每间客房年收入（万元）
		客房数（间/套）	床位数（张）		
总 计	**2 361**	**462 821**	**840 811**	**57.21**	**16.78**
北 京	126	35 487	64 172	62.06	24.84
天 津	35	7 558	12 978	53.59	16.84
河 北	123	19 750	37 960	49.31	14.60
山 西	59	8 575	15 626	57.49	15.48
内蒙古	29	5 406	9 835	48.79	14.33
辽 宁	72	14 257	23 753	58.84	17.86
吉 林	46	7 188	12 918	47.94	16.32
黑龙江	48	7 752	14 097	48.00	12.34
上 海	63	18 791	31 069	62.39	22.99
江 苏	188	33 259	57 808	57.69	19.92
浙 江	180	37 368	65 037	57.02	20.48
安 徽	92	16 796	31 210	50.45	13.47
福 建	127	23 264	42 388	57.02	15.61
江 西	92	16 243	33 282	55.50	9.89
山 东	160	29 628	51 903	57.26	17.96
河 南	65	12 408	23 637	51.99	11.37
湖 北	70	13 100	23 501	53.56	12.65
湖 南	42	10 268	22 479	72.38	19.13
广 东	164	35 335	62 978	57.80	18.20
广 西	59	12 719	24 230	53.64	11.84
海 南	39	9 192	18 216	57.62	12.25
重 庆	50	8 575	15 076	63.32	15.77
四 川	108	19 663	34 486	57.72	14.16
贵 州	52	8 423	14 775	64.14	12.02
云 南	63	13 571	25 315	79.06	17.02
西 藏	18	2 876	5 540	50.99	8.42
陕 西	43	10 188	18 672	56.74	14.70
甘 肃	49	8 192	14 960	48.67	9.89
青 海	19	2 723	5 350	45.03	12.69
宁 夏	27	4 059	7 271	41.35	14.70
新 疆	53	10 207	20 289	52.84	14.22

7-7 全国四星级饭店的人均效益

地　区	全员劳动生产率（万元/人）	人均实现利润（万元/人）	人均占用固定资产原价（万元/人）	年末从业人员（人）
总　计	**14.83**	**-0.63**	**33.40**	**523 830**
北　京	22.37	0.98	56.94	39 414
天　津	16.26	-2.55	29.55	7 827
河　北	11.45	-1.11	26.23	25 172
山　西	10.89	-1.80	27.87	12 188
内蒙古	12.56	-2.33	42.37	6 167
辽　宁	16.46	-1.56	50.31	15 468
吉　林	12.56	-1.89	37.14	9 337
黑龙江	10.77	-1.25	37.58	8 885
上　海	24.47	1.03	45.34	17 652
江　苏	16.74	-1.04	31.83	39 572
浙　江	18.06	-0.68	34.67	42 367
安　徽	14.59	-0.39	31.78	15 514
福　建	12.20	0.13	20.55	29 760
江　西	12.68	-0.88	27.63	12 675
山　东	13.40	-1.27	30.65	39 701
河　南	11.63	-1.22	30.02	12 129
湖　北	13.39	-0.86	35.45	12 377
湖　南	15.67	-0.38	26.62	12 533
广　东	15.40	-0.28	29.55	41 749
广　西	12.26	-0.59	23.05	12 278
海　南	15.79	0.57	42.18	7 135
重　庆	13.36	-0.19	18.13	10 122
四　川	12.79	-0.89	37.19	21 768
贵　州	10.35	-0.88	19.76	9 784
云　南	8.67	-0.20	30.92	26 650
西　藏	15.25	0.58	66.62	1 587
陕　西	12.32	-1.57	28.65	12 155
甘　肃	10.83	-0.31	30.65	7 481
青　海	13.99	0.45	22.19	2 470
宁　夏	14.00	-1.77	28.65	4 261
新　疆	18.97	-0.96	36.01	7 652

八、全国三星级饭店综合资料

8-1 全国三星级饭店

饭店注册登记类型	饭店数（家）	客房数（间/套）	床位数（张）
合　计	**5 631**	**620 778**	**1 108 943**
国有企业	1 423	169 959	310 708
集体企业	221	23 963	44 753
股份合作企业	132	13 375	23 481
国有联营	6	417	666
集体联营	10	820	1 494
国有与集体联营	5	586	1 109
其他联营	7	578	1 049
国有独资公司	171	17 856	31 081
其他有限责任公司	187	25 317	43 965
股份有限公司	311	35 393	62 718
私营独资	924	84 074	154 578
私营合伙	198	19 850	33 694
私营有限责任公司	945	104 710	182 874
私营股份有限公司	110	11 237	20 251
其他	831	92 718	163 035
与港澳台商合资经营	38	5 882	9 931
与港澳台商合作经营	11	1 694	2 600
港澳台商独资	23	3 041	5 476
港澳台商投资股份有限公司	6	881	1 438
中外合资经营	38	4 326	7 163
中外合作经营	10	1 198	2 110
外资企业	17	2 072	3 190
外商投资股份有限公司	7	831	1 579

综合情况

客房出租率（%）	营业收入（万元）	营业税金及附加（万元）	固定资产原价（万元）
55.64	**6 307 724.86**	**364 080.42**	**11 849 004.86**
56.21	1 897 235.17	120 044.95	3 896 454.62
52.44	273 574.09	16 779.81	688 721.82
56.11	120 396.01	6 662.76	196 143.79
63.61	3 279.21	189.72	11 577.28
56.53	6 191.53	363.45	19 437.13
51.53	6 545.94	414.03	12 532.35
60.15	6 361.25	324.66	6 136.77
58.40	241 838.37	13 105.20	302 040.90
59.23	387 670.76	21 456.92	735 666.28
56.94	318 799.37	18 616.14	703 593.50
55.82	674 655.92	38 797.98	1 221 321.75
59.55	183 165.50	9 951.07	269 348.35
53.40	979 314.94	51 612.86	1 517 583.17
57.31	91 365.46	4 879.50	153 088.28
54.39	890 455.93	48 008.07	1 597 489.41
58.43	81 780.87	4 494.57	198 840.97
58.98	23 342.34	1 352.51	21 078.08
55.63	29 168.95	1 793.81	60 971.85
41.32	9 427.86	524.00	18 820.20
57.39	42 346.53	2 372.29	100 451.46
47.40	15 561.02	944.64	50 373.51
59.33	16 125.65	841.87	43 554.49
66.51	9 122.19	549.60	23 778.90

8-2 全国三星级饭店

地区	总计	国有企业	集体企业	股份合作企业	国有联营	集体联营	国有与集体联营	其他联营	国有独资公司	其他有限责任公司	股份有限公司	私营独资
总计	**5 631**	**1 423**	**221**	**132**	**6**	**10**	**5**	**7**	**171**	**187**	**311**	**924**
北京	202	65	12	5	0	0	0	0	7	64	3	3
天津	38	1	0	0	0	0	0	0	0	0	1	0
河北	201	75	9	5	0	0	1	0	0	0	9	25
山西	132	56	3	1	0	0	1	0	0	0	9	15
内蒙古	101	22	4	0	0	0	0	1	0	0	7	20
辽宁	217	79	8	2	0	1	1	1	0	0	7	48
吉林	84	28	13	2	0	0	0	0	0	0	3	12
黑龙江	111	37	2	6	1	0	0	0	0	0	6	24
上海	95	39	11	1	0	0	1	0	4	0	5	2
江苏	325	63	10	10	0	0	0	0	129	0	22	79
浙江	341	46	20	10	0	2	1	0	1	0	27	30
安徽	164	36	4	6	0	0	0	0	0	0	8	27
福建	192	44	7	5	0	0	0	1	0	0	5	15
江西	185	60	1	3	0	0	0	0	0	0	18	31
山东	461	150	29	10	0	2	0	4	0	0	30	49
河南	199	45	12	1	0	0	0	0	1	0	17	34
湖北	172	46	5	8	1	0	0	0	2	0	10	24
湖南	187	49	2	11	0	0	0	0	1	0	14	35
广东	542	69	16	5	2	1	0	0	17	90	21	80
广西	227	49	3	4	1	0	0	0	0	0	7	67
海南	74	23	1	1	0	1	0	0	0	0	1	10
重庆	121	31	3	2	0	0	0	0	1	0	6	15
四川	185	27	4	2	1	0	0	0	4	33	17	25
贵州	134	28	3	3	0	0	0	0	0	0	10	48
云南	195	46	8	3	0	0	0	0	1	0	7	57
西藏	38	10	3	0	0	2	0	0	0	0	2	8
陕西	212	59	7	21	0	1	0	0	1	0	14	18
甘肃	154	41	10	2	0	0	0	0	0	0	14	33
青海	66	12	2	0	0	0	0	0	0	0	1	21
宁夏	48	8	2	1	0	0	0	0	1	0	3	8
新疆	228	79	7	2	0	0	0	0	1	0	7	61

的注册登记类型

单位：家

私营合伙	私营有限责任公司	私营股份有限公司	其他	与港澳台商合资经营	与港澳台商合作经营	港澳台商独资	港澳台商投资股份有限公司	中外合资经营	中外合作经营	外资企业	外商投资股份有限公司
198	**945**	**110**	**832**	**38**	**11**	**23**	**6**	**38**	**10**	**17**	**7**
1	24	1	0	10	1	2	0	3	1	0	0
0	1	0	34	0	0	0	0	0	0	1	0
2	31	4	37	0	0	0	0	1	0	2	0
2	27	5	12	1	0	0	0	0	0	0	0
1	24	1	21	0	0	0	0	0	0	0	0
3	25	1	26	1	0	1	1	8	0	3	1
0	20	0	6	0	0	0	0	0	0	0	0
0	16	1	18	0	0	0	0	0	0	0	0
0	13	1	18	0	0	0	0	0	0	0	0
0	0	0	8	1	0	1	0	1	1	0	0
31	109	7	49	0	0	0	1	1	1	2	3
4	41	4	30	2	0	1	1	0	0	0	0
21	44	2	31	5	0	3	0	6	0	3	0
11	32	8	18	1	0	0	0	1	0	1	0
4	82	7	82	1	0	2	0	7	0	1	1
4	39	5	40	0	0	0	0	1	0	0	0
8	26	7	32	0	0	1	0	0	0	2	0
12	29	18	11	1	0	2	1	1	0	0	0
26	65	9	101	10	10	6	2	5	5	1	1
18	47	3	25	0	0	2	0	0	1	0	0
1	17	1	16	1	0	1	0	0	0	0	0
11	27	2	22	1	0	0	0	0	0	0	0
4	33	5	29	1	0	0	0	0	0	0	0
8	16	2	14	1	0	1	0	0	0	0	0
8	35	5	20	1	0	0	0	2	0	1	1
2	7	0	4	0	0	0	0	0	0	0	0
4	31	2	52	0	0	0	0	1	1	0	0
0	27	6	21	0	0	0	0	0	0	0	0
4	7	0	19	0	0	0	0	0	0	0	0
4	14	0	7	0	0	0	0	0	0	0	0
4	36	3	28	0	0	0	0	0	0	0	0

8-3 全国三星级饭店的地区分布

地　区	饭店数（家）	客房数（间/套）	床位数（张）	客　房出租率（%）	营业收入（万元）	营业税金及附加（万元）	固定资产原　价（万元）
总　计	**5 631**	**620 778**	**1 108 943**	**55.64**	**6 307 724.86**	**364 080.41**	**11 849 004.86**
北　京	202	35 021	62 714	55.34	582 356.15	31 068.20	1 264 582.60
天　津	38	4 801	7 727	47.93	63 019.42	3 378.72	91 941.93
河　北	201	22 225	40 769	48.84	197 353.95	11 059.27	445 700.62
山　西	132	14 490	26 531	60.47	173 322.58	9 383.99	277 508.72
内蒙古	101	11 009	20 302	46.46	100 968.14	5 319.79	211 943.71
辽　宁	217	23 265	43 032	50.78	246 199.78	10 238.44	493 844.10
吉　林	84	7 350	13 624	45.51	67 514.19	4 465.97	215 503.02
黑龙江	111	10 197	19 745	46.98	70 484.10	3 178.46	171 043.49
上　海	95	14 698	24 618	53.23	210 694.75	10 614.95	450 951.76
江　苏	325	30 621	53 399	58.41	434 363.48	22 682.17	459 414.98
浙　江	341	39 903	68 477	54.82	537 664.91	29 625.70	991 597.03
安　徽	164	16 225	29 000	55.38	154 409.43	8 163.16	259 580.72
福　建	192	19 378	31 953	57.67	215 046.59	12 701.48	279 384.43
江　西	185	19 574	34 692	53.21	106 045.46	4 972.79	237 770.60
山　东	461	47 727	87 266	54.73	498 110.73	26 906.04	847 168.53
河　南	199	22 858	41 831	57.79	202 468.73	11 310.63	363 538.53
湖　北	172	16 306	28 257	57.62	133 651.34	7 450.88	253 796.40
湖　南	187	21 574	38 494	73.69	243 409.42	10 159.21	327 513.40
广　东	542	60 536	101 835	56.04	640 877.20	38 719.07	1 001 983.74
广　西	227	27 404	48 846	58.00	154 647.84	8 373.87	261 879.40
海　南	74	8 455	15 385	49.04	41 117.95	2 297.03	91 586.75
重　庆	121	11 896	20 855	56.16	103 954.93	5 737.75	187 569.14
四　川	185	20 723	35 917	58.12	210 681.24	12 098.28	472 810.84
贵　州	134	11 914	21 213	57.30	82 560.36	5 041.54	158 274.43
云　南	195	23 037	42 362	62.41	236 786.68	16 621.19	770 655.19
西　藏	38	3 719	7 014	65.14	19 437.52	1 153.18	80 097.90
陕　西	212	25 375	48 126	52.78	215 189.07	11 110.29	381 199.16
甘　肃	154	16 702	32 016	54.57	122 840.73	5 999.25	282 624.98
青　海	66	5 445	10 243	46.60	27 198.64	1 318.44	81 700.69
宁　夏	48	4 584	8 098	46.52	37 520.86	2 079.44	100 809.84
新　疆	228	23 766	44 602	53.70	177 828.69	30 851.23	335 028.23

8-4 全国三星级饭店的营业收入总额

单位：万元

地 区	营业收入		
		#客房	#餐饮
总 计	**6 307 724.86**	**2 593 416.92**	**2 744 835.64**
北 京	582 356.15	246 534.80	167 374.00
天 津	63 019.42	20 726.09	27 001.91
河 北	197 353.95	74 097.25	100 045.91
山 西	173 322.58	69 649.84	80 671.75
内蒙古	100 968.14	36 476.71	49 689.74
辽 宁	246 199.78	82 786.88	95 735.60
吉 林	67 514.19	27 231.16	34 413.21
黑龙江	70 484.10	34 152.86	24 309.75
上 海	210 694.75	87 345.03	72 025.90
江 苏	434 363.48	123 292.85	265 566.43
浙 江	537 664.91	190 934.74	263 951.08
安 徽	154 409.43	61 330.37	75 576.11
福 建	215 046.59	81 868.76	98 900.10
江 西	106 045.46	58 613.42	40 774.60
山 东	498 110.73	178 934.11	271 593.97
河 南	202 468.73	74 087.26	102 615.61
湖 北	133 651.34	60 389.49	58 948.49
湖 南	243 409.42	106 197.05	103 851.87
广 东	640 877.20	274 967.32	266 625.08
广 西	154 647.84	73 762.71	57 152.90
海 南	41 117.95	23 378.09	13 118.14
重 庆	103 954.93	46 814.98	39 835.92
四 川	210 681.24	90 074.78	86 996.83
贵 州	82 560.36	47 494.89	24 789.98
云 南	236 786.68	144 836.41	69 363.33
西 藏	19 437.52	13 219.19	2 760.81
陕 西	215 189.07	84 532.26	100 441.78
甘 肃	122 840.73	59 407.20	50 545.84
青 海	27 198.64	17 482.50	7 732.72
宁 夏	37 520.86	13 488.50	20 728.15
新 疆	177 828.69	89 309.42	71 698.13

8-5 全国三星级饭店的营业收入构成

地　区	营业收入（万元）	#客房（%）	#餐饮（%）
总　计	**6 307 724.86**	**41.11**	**43.51**
北　京	582 356.15	42.33	28.74
天　津	63 019.42	32.89	42.84
河　北	197 353.95	37.54	50.69
山　西	173 322.58	40.18	46.54
内蒙古	100 968.14	36.12	49.21
辽　宁	246 199.78	33.62	38.88
吉　林	67 514.19	40.33	50.97
黑龙江	70 484.10	48.45	34.49
上　海	210 694.75	41.45	34.18
江　苏	434 363.48	28.38	61.13
浙　江	537 664.91	35.51	49.09
安　徽	154 409.43	39.72	48.94
福　建	215 046.59	38.07	45.99
江　西	106 045.46	55.27	38.45
山　东	498 110.73	35.92	54.52
河　南	202 468.73	36.59	50.68
湖　北	133 651.34	45.18	44.10
湖　南	243 409.42	43.63	42.66
广　东	640 877.20	42.90	41.60
广　西	154 647.84	47.69	36.95
海　南	41 117.95	56.84	31.89
重　庆	103 954.93	45.03	38.32
四　川	210 681.24	42.75	41.29
贵　州	82 560.36	57.52	30.02
云　南	236 786.68	61.16	29.29
西　藏	19 437.52	68.00	14.20
陕　西	215 189.07	39.28	46.67
甘　肃	122 840.73	48.36	41.15
青　海	27 198.64	64.27	28.43
宁　夏	37 520.86	35.95	55.24
新　疆	177 828.69	50.22	40.32

8-6 全国三星级饭店每间客房的收益

地　区	饭店数（家）	饭店规模		客　房出租率（%）	每间客房年 收 入（万元）
		客房数（间/套）	床位数（张）		
总　计	**5 631**	**620 778**	**1 108 943**	**55.64**	**10.16**
北　京	202	35 021	62 714	55.34	16.63
天　津	38	4 801	7 727	47.93	13.13
河　北	201	22 225	40 769	48.84	8.88
山　西	132	14 490	26 531	60.47	11.96
内蒙古	101	11 009	20 302	46.46	9.17
辽　宁	217	23 265	43 032	50.78	10.58
吉　林	84	7 350	13 624	45.51	9.19
黑龙江	111	10 197	19 745	46.98	6.91
上　海	95	14 698	24 618	53.23	14.34
江　苏	325	30 621	53 399	58.41	14.19
浙　江	341	39 903	68 477	54.82	13.48
安　徽	164	16 225	29 000	55.38	9.52
福　建	192	19 378	31 953	57.67	11.10
江　西	185	19 574	34 692	53.21	5.42
山　东	461	47 727	87 266	54.73	10.44
河　南	199	22 858	41 831	57.79	8.86
湖　北	172	16 306	28 257	57.62	8.20
湖　南	187	21 574	38 494	73.69	11.28
广　东	542	60 536	101 835	56.04	10.59
广　西	227	27 404	48 846	58.00	5.64
海　南	74	8 455	15 385	49.04	4.86
重　庆	121	11 896	20 855	56.16	8.74
四　川	185	20 723	35 917	58.12	10.17
贵　州	134	11 914	21 213	57.30	6.93
云　南	195	23 037	42 362	62.41	10.28
西　藏	38	3 719	7 014	65.14	5.23
陕　西	212	25 375	48 126	52.78	8.48
甘　肃	154	16 702	32 016	54.57	7.36
青　海	66	5 445	10 243	46.60	5.00
宁　夏	48	4 584	8 098	46.52	8.19
新　疆	228	23 766	44 602	53.70	7.48

8-7 全国三星级饭店的人均效益

地　区	全员劳动生产率（万元/人）	人均实现利润（万元/人）	人均占用固定资产原价（万元/人）	年末从业人员（人）
总　计	**11.90**	**-0.40**	**22.35**	**530 071**
北　京	18.71	-0.44	40.63	31 128
天　津	13.54	-1.25	19.76	4 654
河　北	10.37	-0.97	23.41	19 039
山　西	9.71	-0.71	15.55	17 842
内蒙古	10.19	-0.27	21.38	9 911
辽　宁	12.97	-1.36	26.01	18 988
吉　林	11.69	-0.76	37.30	5 777
黑龙江	11.03	0.37	26.77	6 389
上　海	19.19	-1.55	41.06	10 983
江　苏	14.76	-0.40	15.61	29 433
浙　江	15.07	-0.81	27.79	35 680
安　徽	11.48	-0.08	19.30	13 451
福　建	11.20	-0.20	14.55	19 200
江　西	9.00	0.09	20.17	11 788
山　东	11.82	-0.22	20.10	42 154
河　南	9.94	-0.32	17.84	20 375
湖　北	11.14	-0.47	21.16	11 995
湖　南	10.77	-0.03	14.49	22 596
广　东	11.66	-0.18	18.23	54 969
广　西	9.30	-0.03	15.75	16 629
海　南	9.57	-0.63	21.32	4 296
重　庆	10.18	-0.52	18.37	10 213
四　川	10.97	-0.69	24.62	19 208
贵　州	9.96	0.18	19.10	8 287
云　南	7.96	-0.12	25.92	29 732
西　藏	23.79	2.00	98.04	817
陕　西	10.71	-0.37	18.97	20 100
甘　肃	8.87	0.12	20.42	13 843
青　海	8.87	-0.14	26.65	3 066
宁　夏	9.53	-1.04	25.60	3 938
新　疆	13.09	-0.32	24.65	13 590

九、全国二星级饭店综合资料

9-1 全国二星级饭店

	饭店数 （家）	客房数 （间/套）	床位数 （张）
合　计	**2 831**	**188 663**	**349 657**
国有企业	731	53 904	101 843
集体企业	160	10 075	19 011
股份合作企业	57	4 023	9 522
国有联营	5	261	436
集体联营	6	462	847
国有与集体联营	3	179	343
其他联营	3	161	321
国有独资公司	60	3 745	6 873
其他有限责任公司	77	6 538	11 856
股份有限公司	128	12 105	20 648
私营独资	749	41 151	75 241
私营合伙	139	7 841	13 871
私营有限责任公司	364	24 143	45 288
私营股份有限公司	55	3 666	6 512
其他	263	18 066	32 712
与港澳台商合资经营	9	928	1 703
与港澳台商合作经营	2	55	110
港澳台商独资	2	155	251
港澳台商投资股份有限公司	—	—	—
中外合资经营	9	637	1 159
中外合作经营	1	53	92
外资企业	5	431	786
外商投资股份有限公司	3	84	232

综合情况

客　房 出租率 （%）	营业收入 （万元）	营业税金 及 附 加 （万元）	固定资产 原　　价 （万元）
54.05	**1 210 220.90**	**71 808.82**	**1 964 448.70**
52.78	368 794.34	20 917.45	708 341.55
51.62	78 256.90	4 303.60	99 098.91
52.05	22 429.57	1 218.62	50 548.51
40.97	1 180.86	37.05	2 013.14
68.62	3 226.43	62.58	5 859.45
50.67	1 245.10	75.70	1 106.80
47.41	1 143.60	62.10	6 674.80
61.79	49 696.54	2 549.59	20 357.06
49.32	62 253.50	3 410.20	53 752.32
57.81	61 336.74	2 993.82	83 802.63
54.23	213 475.66	18 020.76	404 935.78
57.15	45 156.68	2 794.29	58 623.01
55.20	149 921.89	7 431.48	253 342.03
55.44	17 621.39	964.08	27 741.10
53.77	111 305.66	5 684.73	159 310.43
57.93	13 868.38	740.85	13 816.98
57.55	231.90	10.19	424.58
68.57	1 554.40	91.08	1 926.80
—	—	—	—
58.44	5 421.10	318.20	9 050.70
21.66	111.70	6.10	1 348.10
62.23	1 405.70	89.70	496.80
37.96	582.86	26.65	1 877.22

9-2 全国二星级饭店

地区	总计	国有企业	集体企业	股份合作企业	国有联营	集体联营	国有与集体联营	其他联营	国有独资公司	其他有限责任公司	股份有限公司	私营独资
总计	**2 831**	**731**	**160**	**57**	**5**	**6**	**3**	**3**	**60**	**77**	**128**	**749**
北京	173	56	11	4	0	0	0	0	4	58	2	1
天津	8	0	0	0	0	0	0	0	0	0	1	0
河北	63	35	5	1	0	0	0	0	0	0	3	8
山西	62	31	2	3	0	0	0	0	0	0	6	7
内蒙古	128	22	8	2	0	0	0	1	0	0	3	41
辽宁	104	33	11	1	1	0	0	0	0	0	5	21
吉林	54	20	4	2	0	0	0	0	0	0	1	15
黑龙江	56	21	1	0	1	0	0	0	0	0	3	18
上海	39	12	4	1	0	0	0	0	1	0	4	4
江苏	149	17	10	0	0	0	0	0	53	0	11	51
浙江	222	28	16	10	0	0	0	0	0	0	7	40
安徽	97	24	6	2	0	0	0	0	0	0	11	25
福建	39	18	5	1	0	0	0	0	1	0	0	6
江西	52	21	1	3	0	0	0	0	0	0	4	6
山东	141	37	7	6	0	0	0	0	0	0	14	37
河南	84	29	11	3	0	0	0	0	0	0	3	10
湖北	113	38	5	2	0	0	0	0	0	0	1	19
湖南	166	25	3	4	0	0	0	0	0	0	9	74
广东	109	26	8	1	1	1	0	1	1	6	7	17
广西	82	22	7	2	0	0	0	0	0	0	2	27
海南	10	0	1	0	0	0	0	0	0	0	0	2
重庆	39	9	4	1	0	0	0	0	0	0	0	11
四川	137	16	2	2	0	1	0	0	0	13	14	38
贵州	99	28	1	0	1	0	0	0	0	0	2	41
云南	269	51	15	3	0	4	0	1	0	0	7	135
西藏	51	8	5	0	1	0	0	0	0	0	0	21
陕西	68	35	2	1	0	0	0	0	0	0	2	6
甘肃	90	36	3	2	0	0	3	0	0	0	3	25
青海	37	7	0	0	0	0	0	0	0	0	1	16
宁夏	8	0	0	0	0	0	0	0	0	0	0	5
新疆	82	26	2	0	0	0	0	0	0	0	2	22

的注册登记类型

单位：家

私营合伙	私营有限责任公司	私营股份有限公司	其他	与港澳台商合资经营	与港澳台商合作经营	港澳台商独资	港澳台商投资股份有限公司	中外合资经营	中外合作经营	外资企业	外商投资股份有限公司
139	**364**	**55**	**263**	**9**	**2**	**2**	**0**	**9**	**1**	**5**	**3**
1	25	0	0	5	0	0	0	6	0	0	0
0	0	0	7	0	0	0	0	0	0	0	0
0	5	0	6	0	0	0	0	0	0	0	0
2	5	1	5	0	0	0	0	0	0	0	0
2	20	3	26	0	0	0	0	0	0	0	0
3	14	1	12	0	0	0	0	0	0	1	1
0	6	1	5	0	0	0	0	0	0	0	0
2	7	1	2	0	0	0	0	0	0	0	0
0	11	0	2	0	0	0	0	0	0	0	0
0	0	0	6	0	0	1	0	0	0	0	0
48	53	8	12	0	0	0	0	0	0	0	0
1	13	1	13	0	0	0	0	0	0	1	0
2	2	1	2	0	0	0	0	1	0	0	0
3	5	5	4	0	0	0	0	0	0	0	0
2	16	2	19	0	0	1	0	0	0	0	0
1	18	2	7	0	0	0	0	0	0	0	0
13	20	1	11	1	0	0	0	1	0	0	1
12	25	7	6	1	0	0	0	0	0	0	0
4	8	0	25	1	1	0	0	0	0	0	1
6	8	0	8	0	0	0	0	0	0	0	0
0	0	1	4	0	1	0	0	0	0	1	0
3	5	3	3	0	0	0	0	0	0	0	0
6	16	6	23	0	0	0	0	0	0	0	0
5	13	2	6	0	0	0	0	0	0	0	0
7	24	4	13	1	0	0	0	1	1	2	0
7	3	0	6	0	0	0	0	0	0	0	0
1	8	1	12	0	0	0	0	0	0	0	0
0	12	3	3	0	0	0	0	0	0	0	0
2	6	0	5	0	0	0	0	0	0	0	0
0	2	0	1	0	0	0	0	0	0	0	0
6	14	1	9	0	0	0	0	0	0	0	0

9-3 全国二星级饭店的地区分布

地区	饭店数（家）	客房数（间/套）	床位数（张）	客房出租率（%）	营业收入（万元）	营业税金及附加（万元）	固定资产原价（万元）
总计	**2 831**	**188 663**	**349 657**	**54.05**	**1 210 220.90**	**71 808.82**	**1 964 448.70**
北京	173	13 324	25 740	48.82	135 641.00	7 337.40	134 871.30
天津	8	717	1 559	59.35	4 443.81	247.60	7 530.60
河北	63	4 643	10 530	42.72	40 808.97	2 350.16	56 257.86
山西	62	4 426	8 461	51.71	38 914.80	2 566.37	66 172.40
内蒙古	128	8 025	15 614	45.32	44 503.18	2 063.42	138 601.36
辽宁	104	7 917	14 871	53.83	42 438.74	2 632.35	75 271.56
吉林	54	2 944	5 703	36.31	13 667.31	628.79	32 680.56
黑龙江	56	3 353	6 550	41.22	9 062.84	481.74	35 575.39
上海	39	3 210	5 553	63.34	28 799.45	1 478.29	31 843.33
江苏	149	8 449	15 074	64.18	104 741.48	5 032.72	59 830.28
浙江	222	15 271	26 513	52.99	107 740.72	5 453.79	148 254.10
安徽	97	5 803	10 755	53.36	40 890.28	2 106.77	79 129.85
福建	39	2 710	4 763	53.17	19 223.99	1 183.33	21 944.30
江西	52	3 100	5 642	49.75	8 965.69	375.70	25 696.48
山东	141	8 173	15 504	58.65	58 119.78	3 102.64	117 781.13
河南	84	6 821	12 601	57.83	31 921.20	1 781.07	47 598.40
湖北	113	6 844	12 511	52.84	37 239.05	2 270.85	80 002.95
湖南	166	10 639	18 955	70.00	63 054.10	3 444.67	102 146.57
广东	109	11 079	17 955	58.12	64 646.85	3 566.15	81 870.92
广西	82	6 274	11 587	54.52	32 209.84	1 732.86	48 396.38
海南	10	716	1 292	55.05	2 357.40	129.70	4 157.90
重庆	39	2 459	4 283	48.99	13 983.55	761.45	24 748.78
四川	137	10 328	17 869	61.22	80 565.38	3 895.85	132 992.46
贵州	99	4 167	7 454	55.51	18 368.29	1 174.58	45 399.83
云南	269	15 839	31 214	52.33	58 137.97	5 036.81	160 674.82
西藏	51	2 481	4 988	54.48	10 510.02	6 044.25	36 244.84
陕西	68	5 572	10 800	56.91	46 419.74	1 987.78	62 955.76
甘肃	90	5 475	10 165	49.75	30 065.31	1 794.11	52 561.07
青海	37	1 667	3 244	41.17	3 019.41	126.59	10 764.59
宁夏	8	498	862	38.62	480.86	23.07	1 261.92
新疆	82	5 739	11 045	48.88	19 279.89	997.96	41 231.01

9-4 全国二星级饭店的营业收入总额

单位：万元

地　区	营业收入		
		#客房	#餐饮
总　计	**1 210 220.90**	**533 752.32**	**505 602.14**
北　京	135 641.00	64 206.00	38 350.20
天　津	4 443.81	2 445.05	1 513.59
河　北	40 808.97	9 694.58	25 564.87
山　西	38 914.80	14 393.72	19 714.47
内蒙古	44 503.18	18 365.06	21 979.53
辽　宁	42 438.74	23 973.87	13 634.75
吉　林	13 667.31	6 371.04	6 751.66
黑龙江	9 062.84	6 711.27	2 079.37
上　海	28 799.45	14 648.45	8 929.12
江　苏	104 741.48	31 334.75	58 922.86
浙　江	107 740.72	47 640.15	41 104.68
安　徽	40 890.28	15 406.33	22 186.59
福　建	19 223.99	7 420.84	10 492.25
江　西	8 965.69	6 052.01	2 473.50
山　东	58 119.78	21 621.82	33 425.53
河　南	31 921.20	13 218.77	16 564.37
湖　北	37 239.05	18 574.83	15 485.47
湖　南	63 054.10	34 058.44	22 872.13
广　东	64 646.85	29 853.33	21 501.06
广　西	32 209.84	14 768.11	12 439.63
海　南	2 357.40	1 093.61	1 111.99
重　庆	13 983.55	5 945.25	7 059.39
四　川	80 565.38	33 479.66	37 469.96
贵　州	18 368.29	10 718.79	5 504.26
云　南	58 137.97	31 865.20	13 778.08
西　藏	10 510.02	7 095.67	1 626.23
陕　西	46 419.74	15 235.54	22 632.03
甘　肃	30 065.31	12 644.28	14 991.95
青　海	3 019.41	2 838.80	107.00
宁　夏	480.86	457.36	4.80
新　疆	19 279.89	11 619.74	5 330.82

9-5 全国二星级饭店的营业收入构成

地 区	营业收入（万元）	#客房（%）	#餐饮（%）
总 计	**1 210 220.90**	**44.10**	**41.78**
北 京	135 641.00	47.34	28.27
天 津	4 443.81	55.02	34.06
河 北	40 808.97	23.76	62.65
山 西	38 914.80	36.99	50.66
内蒙古	44 503.18	41.27	49.39
辽 宁	42 438.74	56.49	32.13
吉 林	13 667.31	46.62	49.40
黑龙江	9 062.84	74.05	22.94
上 海	28 799.45	50.86	31.00
江 苏	104 741.48	29.92	56.26
浙 江	107 740.72	44.22	38.15
安 徽	40 890.28	37.68	54.26
福 建	19 223.99	38.60	54.58
江 西	8 965.69	67.50	27.59
山 东	58 119.78	37.20	57.51
河 南	31 921.20	41.41	51.89
湖 北	37 239.05	49.88	41.58
湖 南	63 054.10	54.01	36.27
广 东	64 646.85	46.18	33.26
广 西	32 209.84	45.85	38.62
海 南	2 357.40	46.39	47.17
重 庆	13 983.55	42.52	50.48
四 川	80 565.38	41.56	46.51
贵 州	18 368.29	58.35	29.97
云 南	58 137.97	54.81	23.70
西 藏	10 510.02	67.51	15.47
陕 西	46 419.74	32.82	48.76
甘 肃	30 065.31	42.06	49.86
青 海	3 019.41	94.02	3.54
宁 夏	480.86	95.11	1.00
新 疆	19 279.89	60.27	27.65

9-6 全国二星级饭店每间客房的收益

地　区	饭店数（家）	饭店规模		客房出租率（%）	每间客房年收入（万元）
		客房数（间/套）	床位数（张）		
总　计	**2 831**	**188 663**	**349 657**	**54.05**	**6.41**
北　京	173	13 324	25 740	48.82	10.18
天　津	8	717	1 559	59.35	6.20
河　北	63	4 643	10 530	42.72	8.79
山　西	62	4 426	8 461	51.71	8.79
内蒙古	128	8 025	15 614	45.32	5.55
辽　宁	104	7 917	14 871	53.83	5.36
吉　林	54	2 944	5 703	36.31	4.64
黑龙江	56	3 353	6 550	41.22	2.70
上　海	39	3 210	5 553	63.34	8.97
江　苏	149	8 449	15 074	64.18	12.40
浙　江	222	15 271	26 513	52.99	7.06
安　徽	97	5 803	10 755	53.36	7.05
福　建	39	2 710	4 763	53.17	7.09
江　西	52	3 100	5 642	49.75	2.89
山　东	141	8 173	15 504	58.65	7.11
河　南	84	6 821	12 601	57.83	4.68
湖　北	113	6 844	12 511	52.84	5.44
湖　南	166	10 639	18 955	70.00	5.93
广　东	109	11 079	17 955	58.12	5.84
广　西	82	6 274	11 587	54.52	5.13
海　南	10	716	1 292	55.05	3.29
重　庆	39	2 459	4 283	48.99	5.69
四　川	137	10 328	17 869	61.22	7.80
贵　州	99	4 167	7 454	55.51	4.41
云　南	269	15 839	31 214	52.33	3.67
西　藏	51	2 481	4 988	54.48	4.24
陕　西	68	5 572	10 800	56.91	8.33
甘　肃	90	5 475	10 165	49.75	5.49
青　海	37	1 667	3 244	41.17	1.81
宁　夏	8	498	862	38.62	0.97
新　疆	82	5 739	11 045	48.88	3.36

9-7 全国二星级饭店的人均效益

地 区	全员劳动生产率（万元/人）	人均实现利润（万元/人）	人均占用固定资产原价（万元/人）	年末从业人员（人）
总 计	**10.73**	**0.27**	**17.42**	**112 755**
北 京	16.76	0.41	16.66	8 095
天 津	15.22	-1.31	25.79	292
河 北	11.70	-0.54	16.12	3 489
山 西	7.92	-0.21	13.46	4 916
内蒙古	7.65	0.43	23.84	5 815
辽 宁	10.76	-0.55	19.09	3 943
吉 林	7.69	-0.50	18.39	1 777
黑龙江	5.76	0.28	22.60	1 574
上 海	17.26	-0.57	19.08	1 669
江 苏	17.34	0.34	9.90	6 042
浙 江	13.16	-0.18	18.10	8 189
安 徽	8.17	-0.50	15.81	5 005
福 建	10.77	0.04	12.29	1 785
江 西	7.57	0.23	21.68	1 185
山 东	10.62	0.13	21.52	5 474
河 南	7.81	0.02	11.65	4 086
湖 北	10.28	-0.24	22.09	3 621
湖 南	8.87	3.23	14.37	7 109
广 东	12.40	0.99	15.71	5 213
广 西	9.56	-0.14	14.37	3 369
海 南	8.19	-0.54	14.44	288
重 庆	9.88	0.21	17.48	1 416
四 川	12.16	0.44	20.07	6 626
贵 州	7.29	0.53	18.03	2 518
云 南	7.59	-0.07	20.98	7 660
西 藏	10.87	1.98	37.48	967
陕 西	10.36	0.07	14.05	4 482
甘 肃	8.40	0.06	14.69	3 578
青 海	5.84	0.80	20.82	517
宁 夏	3.32	0.15	8.70	145
新 疆	10.09	-0.52	21.59	1 910

十、全国一星级饭店综合资料

10-1 全国一星级饭店

	饭店数 （家）	客房数 （间/套）	床位数 （张）
合 计	**125**	**5 807**	**10 705**
国有企业	33	1 533	2 897
集体企业	4	201	307
股份合作企业	4	43	81
国有联营	—	—	—
集体联营	—	—	—
国有与集体联营	—	—	—
其他联营	—	—	—
国有独资公司	2	114	285
其他有限责任公司	7	326	620
股份有限公司	6	342	662
私营独资	38	1 511	2 774
私营合伙	8	320	607
私营有限责任公司	16	954	1 610
私营股份有限公司	—	—	—
其他	5	313	621
与港澳台商合资经营	1	68	148
与港澳台商合作经营	—	—	—
港澳台商独资	—	—	—
港澳台商投资股份有限公司	—	—	—
中外合资经营	1	82	93
中外合作经营	—	—	—
外资企业	—	—	—
外商投资股份有限公司	—	—	—

综合情况

客　房 出租率 （%）	营业收入 （万元）	营业税金 及 附 加 （万元）	固定资产 原　　价 （万元）
51.53	**30 259.06**	**1 606.06**	**48 298.12**
52.61	8 169.94	421.13	9 982.20
46.95	2 277.95	141.54	1 413.60
24.60	1 840.20	105.42	1 992.52
—	—	—	—
—	—	—	—
—	—	—	—
—	—	—	—
8.40	93.48	5.26	261.50
23.54	1 746.50	93.30	4 127.80
37.77	3 306.53	187.77	4 027.02
58.86	5 921.02	283.58	11 100.98
72.56	1 356.49	32.67	4 085.32
57.49	3 145.15	199.87	4 201.00
—	—	—	—
43.80	1 293.80	70.62	2 729.48
92.26	596.20	33.40	160.50
—	—	—	—
—	—	—	—
—	—	—	—
56.26	511.80	31.50	4 216.20
—	—	—	—
—	—	—	—
—	—	—	—

10-2 全国一星级饭店

地 区	总计	国有企业	集体企业	股份合作企业	国有联营	集体联营	国有与集体联营	其他联营	国有独资公司	其他有限责任公司	股份有限公司	私营独资
总 计	**125**	**33**	**4**	**4**	**0**	**0**	**0**	**0**	**2**	**7**	**6**	**38**
北 京	16	3	0	2	0	0	0	0	1	7	1	0
天 津	0	0	0	0	0	0	0	0	0	0	0	0
河 北	2	2	0	0	0	0	0	0	0	0	0	0
山 西	0	0	0	0	0	0	0	0	0	0	0	0
内蒙古	2	0	0	0	0	0	0	0	0	0	0	1
辽 宁	3	0	0	0	0	0	0	0	0	0	0	1
吉 林	0	0	0	0	0	0	0	0	0	0	0	0
黑龙江	3	2	0	0	0	0	0	0	0	0	0	0
上 海	1	0	0	0	0	0	0	0	0	0	0	0
江 苏	0	0	0	0	0	0	0	0	0	0	0	0
浙 江	17	1	1	2	0	0	0	0	1	0	1	2
安 徽	2	1	0	0	0	0	0	0	0	0	0	1
福 建	1	1	0	0	0	0	0	0	0	0	0	0
江 西	0	0	0	0	0	0	0	0	0	0	0	0
山 东	0	0	0	0	0	0	0	0	0	0	0	0
河 南	3	0	0	0	0	0	0	0	0	0	1	2
湖 北	4	3	0	0	0	0	0	0	0	0	0	1
湖 南	7	0	0	0	0	0	0	0	0	0	0	4
广 东	3	1	0	0	0	0	0	0	0	0	0	1
广 西	1	1	0	0	0	0	0	0	0	0	0	0
海 南	3	1	0	0	0	0	0	0	0	0	0	1
重 庆	1	1	0	0	0	0	0	0	0	0	0	0
四 川	8	1	0	0	0	0	0	0	0	0	0	3
贵 州	15	6	0	0	0	0	0	0	0	0	0	8
云 南	19	3	2	0	0	0	0	0	0	0	1	11
西 藏	1	0	0	0	0	0	0	0	0	0	0	1
陕 西	0	0	0	0	0	0	0	0	0	0	0	0
甘 肃	7	4	1	0	0	0	0	0	0	0	1	0
青 海	1	0	0	0	0	0	0	0	0	0	0	0
宁 夏	0	0	0	0	0	0	0	0	0	0	0	0
新 疆	5	2	0	0	0	0	0	0	0	0	1	1

的注册登记类型

单位：家

私营合伙	私营有限责任公司	私营股份有限公司	其他	与港澳台商合资经营	与港澳台商合作经营	港澳台商独资	港澳台商投资股份有限公司	中外合资经营	中外合作经营	外资企业	外商投资股份有限公司
8	**16**	**0**	**5**	**1**	**0**	**0**	**0**	**1**	**0**	**0**	**0**
0	1	0	0	1	0	0	0	0	0	0	0
0	0	0	0	0	0	0	0	0	0	0	0
0	0	0	0	0	0	0	0	0	0	0	0
0	0	0	0	0	0	0	0	0	0	0	0
0	1	0	0	0	0	0	0	0	0	0	0
0	0	0	1	0	0	0	0	1	0	0	0
0	0	0	0	0	0	0	0	0	0	0	0
0	1	0	0	0	0	0	0	0	0	0	0
0	1	0	0	0	0	0	0	0	0	0	0
0	0	0	0	0	0	0	0	0	0	0	0
4	5	0	0	0	0	0	0	0	0	0	0
0	0	0	0	0	0	0	0	0	0	0	0
0	0	0	0	0	0	0	0	0	0	0	0
0	0	0	0	0	0	0	0	0	0	0	0
0	0	0	0	0	0	0	0	0	0	0	0
0	0	0	0	0	0	0	0	0	0	0	0
0	0	0	0	0	0	0	0	0	0	0	0
2	1	0	0	0	0	0	0	0	0	0	0
0	1	0	0	0	0	0	0	0	0	0	0
0	0	0	0	0	0	0	0	0	0	0	0
0	0	0	1	0	0	0	0	0	0	0	0
0	0	0	0	0	0	0	0	0	0	0	0
1	3	0	0	0	0	0	0	0	0	0	0
0	1	0	0	0	0	0	0	0	0	0	0
0	1	0	1	0	0	0	0	0	0	0	0
0	0	0	0	0	0	0	0	0	0	0	0
0	0	0	0	0	0	0	0	0	0	0	0
1	0	0	0	0	0	0	0	0	0	0	0
0	0	0	1	0	0	0	0	0	0	0	0
0	0	0	0	0	0	0	0	0	0	0	0
0	0	0	1	0	0	0	0	0	0	0	0

10-3 全国一星级饭店的地区分布

地　区	饭店数（家）	客房数（间/套）	床位数（张）	客　房出租率（%）	营业收入（万元）	营业税金及附加（万元）	固定资产原价（万元）
总　计	**125**	**5 807**	**10 705**	**51.53**	**30 259.06**	**1 606.06**	**48 298.12**
北　京	16	752	1 531	36.89	6 595.60	365.80	8 567.80
天　津	—	—	—	—	—	—	—
河　北	2	171	328	47.45	1 214.20	73.10	817.80
山　西	—	—	—	—	—	—	—
内蒙古	2	67	123	33.28	160.50	18.10	420.00
辽　宁	3	133	197	52.09	712.80	46.50	4 556.60
吉　林	—	—	—	—	—	—	—
黑龙江	3	137	233	71.05	855.20	31.70	1 313.20
上　海	1	48	96	51.47	315.00	19.00	247.00
江　苏	—	—	—	—	—	—	—
浙　江	17	552	1 056	51.45	2 988.61	176.65	3 026.12
安　徽	2	96	168	86.71	811.63	3.20	2 685.40
福　建	1	28	53	79.36	952.20	53.30	371.40
江　西	—	—	—	—	—	—	—
山　东	—	—	—	—	—	—	—
河　南	3	73	149	16.99	86.46	0.98	172.80
湖　北	4	141	259	47.78	348.68	48.26	892.92
湖　南	7	359	605	85.36	2 035.70	81.83	4 957.44
广　东	3	206	358	40.53	676.89	27.64	1 947.10
广　西	1	53	81	62.29	65.00	3.00	163.00
海　南	3	221	406	51.90	279.18	1.80	1 671.60
重　庆	1	72	134	36.49	261.10	16.10	437.20
四　川	8	556	900	62.62	2 061.64	85.45	4 252.74
贵　州	15	523	875	58.48	1 793.65	100.63	2 709.28
云　南	19	828	1 625	54.66	3 618.66	253.82	4 478.20
西　藏	1	27	64	50.00	780.00	—	170.00
陕　西	—	—	—	—	—	—	—
甘　肃	7	389	762	42.15	761.58	44.71	1 872.80
青　海	1	101	198	26.56	874.90	49.03	313.18
宁　夏	—	—	—	—	—	—	—
新　疆	5	274	504	55.32	2 009.89	105.47	2 254.55

10-4　全国一星级饭店的营业收入总额

单位：万元

地　区	营业收入		
		#客房	#餐饮
总　计	**30 259.06**	**14 245.38**	**11 285.77**
北　京	6 595.60	2 716.00	1 678.50
天　津	—	—	—
河　北	1 214.20	330.80	825.60
山　西	—	—	—
内蒙古	160.50	113.80	46.70
辽　宁	712.80	356.60	163.50
吉　林	—	—	—
黑龙江	855.20	333.80	318.40
上　海	315.00	119.00	196.00
江　苏	—	—	—
浙　江	2 988.61	1 176.70	1 538.22
安　徽	811.63	589.65	215.00
福　建	952.20	98.50	853.70
江　西	—	—	—
山　东	—	—	—
河　南	86.46	84.89	1.57
湖　北	348.68	279.86	60.00
湖　南	2 035.70	1 330.69	526.78
广　东	676.89	302.00	268.00
广　西	65.00	65.00	—
海　南	279.18	275.75	—
重　庆	261.10	86.30	139.80
四　川	2 061.64	1 264.79	617.34
贵　州	1 793.65	1 034.23	694.00
云　南	3 618.66	1 536.20	1 632.88
西　藏	780.00	350.00	430.00
陕　西	—	—	—
甘　肃	761.58	692.13	30.80
青　海	874.90	184.90	11.28
宁　夏	—	—	—
新　疆	2 009.89	923.79	1 037.70

10-5 全国一星级饭店的营业收入构成

地 区	营业收入（万元）		
		#客房（%）	#餐饮（%）
总 计	**30 259.06**	**47.08**	**37.30**
北 京	6 595.60	41.18	25.45
天 津	—	—	—
河 北	1 214.20	27.24	68.00
山 西	—	—	—
内蒙古	160.50	70.90	29.10
辽 宁	712.80	50.03	22.94
吉 林	—	—	—
黑龙江	855.20	39.03	37.23
上 海	315.00	37.78	62.22
江 苏	—	—	—
浙 江	2 988.61	39.37	51.47
安 徽	811.63	72.65	26.49
福 建	952.20	10.34	89.66
江 西	—	—	—
山 东	—	—	—
河 南	86.46	98.18	1.82
湖 北	348.68	80.26	17.21
湖 南	2 035.70	65.37	25.88
广 东	676.89	44.62	39.59
广 西	65.00	100.00	—
海 南	279.18	98.77	—
重 庆	261.10	33.05	53.54
四 川	2 061.64	61.35	29.94
贵 州	1 793.65	57.66	38.69
云 南	3 618.66	42.45	45.12
西 藏	780.00	44.87	55.13
陕 西	—	—	—
甘 肃	761.58	90.88	4.04
青 海	874.90	21.13	1.29
宁 夏	—	—	—
新 疆	2 009.89	45.96	51.63

10-6 全国一星级饭店每间客房的收益

地 区	饭店数（家）	饭店规模		客房出租率（%）	每间客房年收入（万元）
		客房数（间/套）	床位数（张）		
总 计	**125**	**5 807**	**10 705**	**51.53**	**5.21**
北 京	16	752	1 531	36.89	8.77
天 津	—	—	—	—	—
河 北	2	171	328	47.45	7.10
山 西	—	—	—	—	—
内蒙古	2	67	123	33.28	2.40
辽 宁	3	133	197	52.09	5.36
吉 林	—	—	—	—	—
黑龙江	3	137	233	71.05	6.24
上 海	1	48	96	51.47	6.56
江 苏	—	—	—	—	—
浙 江	17	552	1 056	51.45	5.41
安 徽	2	96	168	86.71	8.45
福 建	1	28	53	79.36	34.01
江 西	—	—	—	—	—
山 东	—	—	—	—	—
河 南	3	73	149	16.99	1.18
湖 北	4	141	259	47.78	2.47
湖 南	7	359	605	85.36	5.67
广 东	3	206	358	40.53	3.29
广 西	1	53	81	62.29	1.23
海 南	3	221	406	51.90	1.26
重 庆	1	72	134	36.49	3.63
四 川	8	556	900	62.62	3.71
贵 州	15	523	875	58.48	3.43
云 南	19	828	1 625	54.66	4.37
西 藏	1	27	64	50.00	28.89
陕 西	—	—	—	—	—
甘 肃	7	389	762	42.15	1.96
青 海	1	101	198	26.56	8.66
宁 夏	—	—	—	—	—
新 疆	5	274	504	55.32	7.34

10-7 全国一星级饭店的人均效益

地　区	全员劳动生产率（万元/人）	人均实现利润（万元/人）	人均占用固定资产原价（万元/人）	年末从业人员（人）
总　计	**10.99**	**0.45**	**17.54**	**2 754**
北　京	16.66	1.69	21.64	396
天　津	—	—	—	—
河　北	12.39	0.76	8.34	98
山　西	—	—	—	—
内蒙古	6.17	0.87	16.15	26
辽　宁	10.04	−2.91	64.18	71
吉　林	—	—	—	—
黑龙江	2.71	0.19	4.17	315
上　海	11.25	−0.79	8.82	28
江　苏	—	—	—	—
浙　江	10.23	−0.11	10.36	292
安　徽	10.82	0.75	35.81	75
福　建	23.22	3.32	9.06	41
江　西	—	—	—	—
山　东	—	—	—	—
河　南	2.70	0.61	5.40	32
湖　北	9.18	−1.89	23.50	38
湖　南	11.12	1.49	27.09	183
广　东	5.59	−0.21	16.09	121
广　西	—	—	—	—
海　南	4.99	0.01	29.85	56
重　庆	6.22	−2.19	10.41	42
四　川	12.49	0.97	25.77	165
贵　州	11.00	1.56	16.62	163
云　南	12.70	−1.00	15.71	285
西　藏	—	—	—	—
陕　西	—	—	—	—
甘　肃	6.99	0.04	17.18	109
青　海	25.00	6.22	8.95	35
宁　夏	—	—	—	—
新　疆	10.98	0.08	12.32	183

责任编辑：王　军
责任印制：冯冬青

图书在版编目（CIP）数据

中国旅游统计年鉴：副本. 2014 / 中华人民共和国国家旅游局编. -- 北京：中国旅游出版社, 2014.11
ISBN 978-7-5032-5101-6

Ⅰ. ①中… Ⅱ. ①中… Ⅲ. ①旅游业 – 统计资料 – 中国 – 2014 – 年鉴 Ⅳ. ①F592-66

中国版本图书馆CIP数据核字（2014）第260406号

书　　名：中国旅游统计年鉴（副本）2014
作　　者：中华人民共和国国家旅游局
出版发行：中国旅游出版社
（北京建国门内大街甲9号　邮编：100005）
http://www.cttp.net.cn　E-mail:cttp@cnta.gov.cn
发行部电话：010-85166503
排　　版：北京中文天地文化艺术有限公司
印　　刷：北京工商事务印刷有限公司
版　　次：2014年11月第1版　2014年11月第1次印刷
开　　本：787毫米×1092毫米　1/16
印　　张：10.5
字　　数：220千
定　　价：120.00元
I S B N　978-7-5032-5101-6